Matthias Storck

Karierte Wolken

Lebensbeschreibungen
eines Freigekauften

BRUNNEN
Verlag GmbH · Giessen

4. Auflage 2017

© 2010 Brunnen Verlag Gießen
www.brunnen-verlag.de
Umschlagmotiv: Shutterstock
Umschlaggestaltung: Sabine Schweda
Satz: DTP Brunnen
Herstellung: CPI – Ebner & Spiegel, Ulm
ISBN 978-3-7655-4100-1

Inhalt

Ein Wolfsgeheul (Wolf Biermann)   9

Vorgeschichten
»Frohe Zukunft«   17
Kugelkreuz   19
Hermannswerder   19
Ein Pastor brennt   22
Greifswald   23
Studienbeginn   26
Solschenizyns Läuse   27
Psychiatrie gegen Militärlager   28
Geselbstmordet   30
Ein Flüchtling entwirft seine Flucht   31
Ein Mensch muss seine Grenzen kennen   31
Amerika in der Flasche   33
Die Provinz im Kachelofen   34
Die Entsicherung einer perfekten Grenze   37
Ein deutsches Requiem   39
Fluchtversuch   42
Wehrkundeunterricht   44
Wollenberger   45
Der Bischof und die graue Eminenz   46
Der Nachfolger des Bischofs   47
»Herrschende Klasse« mit Zivilcourage   48
Der Prorektor   49
Themen von der Straße   51
Rote Woche   52
Sektionsratssitzung   54
Cato   55

Innengeschichten

Wie ein Hund von offener Straße 59

Tagtraum 66

Die ersten Stunden in der Zelle 67

Nicht gegen den Strom 69

Verrat 70

Bibel 72

Gotteskampf 74

Bäume beim Zahnarzt 76

Tines Rezept 78

Kontakte 79

Begegnungen 81

Du bereitest vor mir einen Tisch 85

Briefe 89

Haltbare Sehnsucht 91

Ein Briefwechsel zwischen den Zellen 92

Fluchthilfe 96

Freiheit eines Christenmenschen 98

Er stößt die Gewaltigen vom Thron 99

Bahro 100

Die Bekennende Kirche sagt die Wahrheit 102

Posten 104

Schlaflose Nacht 105

Die »Verteidigung« 106

Der Sturz ins Unbekannte 109

Der Stadt Bestes 113

Im Namen des Volkes 116

Ankunft in Rummelsburg 117

Das Wiedersehen 121

»Katakomben« 124

Wieder in der Zelle 125

Arrest 126

Nichtarbeiter 133

»Transport«   134
Folter   136
Abschiebe   137
»… werden wir sein wie die Träumenden «   138

Nachgeschichten
Karierte Wolken   143
Reisen in die Vergangenheit   145
Spurensuche im Zuchthaus Cottbus   147
»Roter Terror«   148
Erziehungsbereich 8, Zelle 213   150
Wieder im Arrest   153
Prügelkommando   155
Der Sani   156
Zuchthaus Hoheneck   158
Der Anstaltsleiter   161
Führung   161
Frau Oberleutnant Suttinger   163
Akteneinsicht oder: Die Enttarnung der Zukunft   168
Nicht meine Kirche   182
Fels in Betonbrandung   190

Nach zwanzig Jahren   199
Herbstastern, Osterglocken und ein Versuch
über das Verzeihen   199
Verzeihen   202

Für Felix, Hannah und Luise

Ein Wolfsgeheul

In Frankreich gibt es einen Ort, der heißt so: Chanteloup – nicht der heulende, sondern der singende Wolf. In diesem Dörfchen wohnt meine Freundin Madame Mummi, die mir ein wunderbares saftiges Lammkarée gebraten hat, mit Kräutern der Provence. Und einen Freund habe ich, das ist ein gelernter Ostmensch, den es in den Westen verschlug, ein evangelischer Hirte.

Diese Konstellation könnte für ein paar Schafe der Kirchenherde womöglich von Interesse sein: der fromme Hirte und der gottlose Wolf. Aber so extrem weit sind wir gar nicht auseinander. Warum? Das Fleisch der Schafe genießen wir beide.

Also singe ich heute dieses Vorwort, ein Loblied auf einen Pastor, der eine prosaische DDR-Gefängnisbeichte geschrieben hat. Und er fand für sein Buch einen poetischen Titel: »Karierte Wolken«.

Matthias Storck ist ein Christenmensch, der als Dorf-Pfarrer in der westfälischen Kirchengemeinde Kirchlengern fast zwanzig Jahre lang das Evangelium predigte. Inzwischen hat er sich urbanisiert und hütet schon seit etlichen Jahren als Pastor die Herde der schönen, kargen Marienkirche der Stadt Herford.

Aufgewachsen als Sohn eines DDR-Pfarrers, studierte mein Freund Theologie in Greifswald. Dort war der junge Mann den Kirchenobrigkeiten und der Staatssicherheit unangenehm aufgefallen, weil er seinen Glauben an Gott offenbar so ernst nahm, wie ich damals meinen eingeborenen Glauben an einen demokratischen Kommunismus.

Man wollte den allzu offenherzig bekennenden Christen weghaben. Er störte den falschen Frieden. Er hatte sich kritisch gegen die Militarisierung in Kindergärten und Schulen der DDR geäußert und mit anderen Theologiestudenten gegen den Wehrkunde-Unterricht und den soldatischen Drill von Schulkindern protestiert. Er war einfach gegen das alltägliche realsozialistische Kriegsspielen für den sogenannten Weltfrieden.

Er und seine Ehefrau Christine wurden dann durch einen Inoffiziellen Mitarbeiter der Stasi, einen Pfarrer in Mecklenburg, in eine Falle gelockt. Obwohl die beiden jungen Christen damals nicht die Absicht hatten, die DDR zu verlassen, wurden sie von diesem Agent provocateur in eine fingierte Republikflucht hineinmanipuliert. Die Staatssicherheit konstruierte sich eine Gelegenheit, den unbeugsamen Theologiestudenten elegant aus dem Verkehr zu ziehen. Die Ironie der Geschichte: Die beiden wollten unbedingt im Osten bleiben, nach dem romantischen Motto: Bleibe im Lande und wehre Dich redlich! Und das war ja auch meine Position, auch ich war ein sturer Dableiber.

Die beiden wurden verhaftet. Sie logierten dann 14 Monate im VEB-Knast. Danach wurden diese widerspenstigen DDR-Menschen in den Westen abgeschoben, will sagen: Sie wurden von Erich Honeckers Menschengroßhändler, dem Rechtsanwalt Vogel, in die Freiheit verkauft.

Die Storcks waren am Anfang im Westen verwirrt, waren westdumm und fürchteten sich vor Gefahren, auf die sie überhaupt nicht trainiert waren. Es ging uns allen in den ersten Jahren ähnlich. Genau in dieser Zeit lernte ich Matthias Storck und seine Frau näher kennen. Der Theologiestudent war damals im tiefen Zweifel mit sich und der Welt, mit seiner Ost-West-Kirche und mit seinem Gott. Er wusste nicht, ob er sein Studium im Westen überhaupt fortsetzen und Pastor werden soll.

Obwohl es mich nichts angeht, riet ich ihm damals dringend zu, denn in Gesprächen mit diesem Menschen hatte ich den Eindruck gewonnen, dass der ein wahrer, ein tiefgläubiger Christ ist, ohne alle Frömmelei.

Ich dachte in meinem atheistischen Hochmut: Der ist ein grundgütiger Mensch und trotzdem ein heller Kopf. Der wird kein lebensdummer Schmalspur-Prediger, denn er kennt auch weltliche Literatur und hat ein lebendiges Verhältnis zum politischen Diskurs unserer Zeit.

Nach dem Zusammenbruch der DDR wurde sichtbar, wie tief Teile der evangelischen Kirche mit dem totalitären Regime verstrickt gewesen waren. Am Streit über diese heikle Frage hat Matthias Storck sich mit Leidenschaft beteiligt. Ja, aber eben auch mit Augenmaß, weil er nämlich selbst widerstanden und genug gelitten hat. Er weiß aus Erfahrung, wie schuldhaft und wie schuldlos, wie romanhaft kompliziert jede einzelne Verstrickung ist.

Es gab ja leider in den höheren Regionen der Kirchen-Hierarchie bei Gottes Bodenpersonal besonders viele Unglücksmenschen, die mehr oder weniger willfährig oder gar zynisch mit dem Teufel ihren Vertrag geschlossen hatten. Die bitterste Entdeckung: Sein eigener Vater, wie gesagt, ein Pastor, hatte sich in der DDR zu Spitzeldiensten erpressen lassen.

So ist es für die Leser des Buches ein Gewinn, dass Matthias Storck über seine Höllenfahrt im Gefängnis und über seine Irrfahrten danach im Westen geschrieben hat.

Er liefert uns das Beispiel eines streitbaren Christen, der sich aber dennoch in großer Demut und Güte und ohne einen Hauch von rachsüchtiger Selbstgerechtigkeit an einem Disput beteiligt, der für die Zukunft der Gesellschaft gewiss nicht weniger wichtig ist als für die evangelische Kirche selbst.

Ich weiß es nicht: Gibt es, wie bei den Katholiken, in Luthers Kirche überhaupt noch irgendeine Form der Beichte? Ich Ungläubiger beichtete meinem Freund jedenfalls gelegentlich auch meine Schwächen und Ängste. Und so weiß ich aus Erfahrung, dass er ein einfühlsamer Menschenkenner ist. Er forscht nicht über die eitle Frage, wie viele Engel auf einer Nadelspitze Platz haben, aber er weiß ganz gut, wie viele Menschen von zwei Fischen essen können und sich manchmal sogar sättigen an einem Lied. Über den Gefängnishof der Untersuchungshaft fütterten seine Frau und er sich gegenseitig, allen Verboten zum Trotz, Zeile für Zeile die »Ermutigung« zu, ein Stückchen Seelenbrot, das ich in der DDR geliefert hatte.

So was verbindet auch Menschen, die grundverschieden sind. In all meinen DDR-Jahren traf ich solche Christen, mit denen ich mich schon deshalb immer gut verstand, weil sie eine menschliche Substanz hatten, die für mich wichtiger ist als alle Glaubensfragen.

Jetzt preise ich meinen Freund schon an wie ein Fischhändler auf dem Altonaer Fischmarkt seine Aale. Aber das ist keine Sünde: Dieser Mann kann gut Deutsch und kann zudem wirkungsvoll predigen, denn er liest vom gebildeten Herzen ab und nicht vom Blatt. Und ich darf es bezeugen, denn ich hab ihn bei Gelegenheit auch inkognito in der Predigt belauscht; er wusste also gar nicht, dass der Wolf sich mit aufgestellten Ohren unter seine Schafe ins Kirchenschiff geschlichen hatte.

Die Religion bediente ja immer extrem divergierende Interessen: Sie war ein Mittel der Einschüchterung und Unterdrückung des Volkes, ein raffiniertes Herrschaftsmittel, und sie war in manchen Zeiten genau das Gegenteil: ein moralischer Halt im Widerstand, war Ermutigung zur Rebellion gegen Unterdrückung.

Die Schwarze Madonna von Tschenstochau kämpfte eben wie eine Freiheitsgöttin auf der Seite der Gewerkschaft Solidarnosc in Danzig gegen die stalinistische Monopolbürokratie, als in Polen 1980 die Arbeiter streikten. Und so beflügelte der Glaube an Gott auch die wirklich gläubigen Christen in der DDR zum Glauben an den Menschen. Matthias Storck gibt uns ein Zeugnis davon.

Wolf Biermann, Februar 2010

Vor-
geschichten

»Frohe Zukunft«

Wenn am Ostermorgen die Glocken läuten, sind wir auf der besseren Seite der Welt. Die Sonne taucht das schmutzige Dorf in ein fröhliches Licht, auf dem Friedhof blasen die Posaunen: »Christ ist erstanden von der Marter alle«.

Die kleine Kirche aus dem 12. Jahrhundert droht mit dem neugotischen Backsteinturm den Mächten der Finsternis. Christus ist auferstanden, während die meisten Menschen liegen bleiben. Fast alle arbeiten auf der »LPG«, die den Namen »Frohe Zukunft« trägt. Gegen die »Frohe Zukunft« spricht, dass sie meist sehr stinkt.

Vater überquert die Straße im Talar. Das ist mir peinlich. Manchmal überlege ich, ob es mir lieber wäre, wenn Vater wie alle anderen Väter auch auf der LPG arbeitete.

Die Schule ist in einer Baracke untergebracht. Die Baracke ist eine »Errungenschaft« der Arbeiter und Bauern und heißt »Allgemeinbildende Polytechnische Oberschule«. Bevor es die Oberschule gab, hatte das Dorf nur eine »Zwergschule«. Alle Kinder waren in eine Klasse gepfercht, und der Lehrer schlug mit einem Rohrstock. Damit habe die Arbeiterklasse Schluss gemacht, sagt die Lehrerin. Die Zwergschule dient jetzt endgültig als Turnhalle. Die kleinen Klassenräume in der Oberschule sind hellhörig, und die Dielen knarren laut, wenn die Lehrerin durch die Reihen geht.

Der Direktor heißt Gabriel. Er ist Sportlehrer, hat einen Igelschnitt und kann gut Ball spielen. Jeden Montag ist Fahnenappell. Alle haben weiße Pionierblusen und blaue Halstücher. Ich habe keine Pionierbluse, deshalb muss ich beim Appell immer hinten stehen. Um das »Gesamtbild nicht zu stören«, sagt Herr Gabriel. Zwei Pioniere machen Meldung. Dann ruft Herr Gabriel: »Hiss Flagge!«, und ein Pionier zieht die Fahne am Mast hoch. Nach dem Lied »Ich trage eine Fahne« hält Herr

Gabriel eine Rede. Am liebsten redet er vom Klassenfeind oder den »Bonner Ultras«, die die Errungenschaften der Arbeiterklasse bedrohen. Herr Gabriel stammt aus der Arbeiterklasse, und darauf ist er stolz. Mein Vater sei ein Überbleibsel der Bourgeoisie, die aber ausgespielt habe, sagt Herr Gabriel.

Einmal beim Appell müssen alle, die Plastiktüten mit westlicher Reklame als Turnbeutel benutzen, vortreten. Die Tüten werden ausgeleert und auf einen Haufen geworfen. Nachdem die Fahne gehisst ist, werden die Beutel »den Flammen übergeben«. Der so »bereinigte« Schulhof sei Ausdruck für die Überlegenheit der sozialistischen Persönlichkeit über das schleichende Gift westlicher Konzerne, sagt der Schulleiter stolz.

Vater ist der Einzige im Dorf, der nicht zur Wahl geht. Als zwei Männer von der »Nationalen Front« ihn abholen wollen, sagt er, er hätte keine Wahl.

Gegen drei Uhr trinken wir Kaffee im Garten. Vater raucht eine Zigarre. Da fährt ein mausgrauer »Wartburg« auf den Bürgersteig. Vor unserer Hofeinfahrt bleibt er stehen. Auf dem Dach hat der Wagen einen großen Lautsprecher, aus dem es bedrohlich in breitem Sächsisch quäkt: »Herr Storck, gommen Sie sofort zur demogradischen Wahl! Herr Storck, sofort zur Wahl!« Mein Vater raucht seine Zigarre und bleibt sitzen.

In der siebten Klasse müssen alle einen Aufsatz schreiben: »Meine Jugendweihe«. Meine ältere Schwester geht nicht zur Jugendweihe. Darum bekommt sie ein anderes Thema: »Der Sinn meines Lebens«. Sie schreibt unter anderem, dass jeder Mensch Gaben von Gott empfangen habe. Dafür bekommt sie eine Fünf. Herr Gabriel hat eigenhändig an den Rand geschrieben: »Unverdautes Zeug aus dem Konfirmandenunterricht gehört nicht ins Schulheft.«

Mein Vater geht am nächsten Morgen mit dem Heft in die Schule. Durch die ganze Baracke ist zu hören, wie mein Vater und Herr Gabriel sich streiten.

Mein Vater fährt zum Kreisschulrat. Das Heft nimmt er mit, obwohl Herr Gabriel behauptet, es sei Eigentum der Schule. Später steht unter dem Aufsatz eine Zwei. Und Herr Gabriel ist nicht mehr da.

Kugelkreuz

Zwei meiner Klassenkameraden und ich trugen das Kugelkreuz der »Jungen Gemeinde« auch in der Schule an der Jacke. K., Lehrer für Staatsbürgerkunde und Sport, hatte das Zeichen schon des Öfteren misstrauisch beäugt. Als wir eines Tages signalisierten, dass wir das »Abzeichen für gutes Wissen« nicht erwerben wollten, weil ein militärischer Ausbildungsteil mit Schießübungen dazu gehörte, war das Maß voll. Wutentbrannt ging K. auf uns los und riss uns die Abzeichen von der Jacke. »Ich werde euch euren reaktionären Gott und euren dummen Pazifismus schon noch austreiben!«, schrie er. Als Vater von dem Zwischenfall erfuhr, protestierte er sofort beim Ministerium für Volksbildung. Wenig später bestellte uns die Direktorin zu einem Gespräch. Wir hätten, sagte sie, den Genossen K. missverstanden. Er habe lediglich darauf bestanden, dass wir die Abzeichen während des Sportunterrichts ablegen sollten. Die Gefahr, sich an der Nadel zu verletzen, wäre zu groß.

Hermannswerder

1976: Kein gutes Jahr. Ich fühlte mich nicht mehr wohl in der künstlichen Welt dieses Pensionats für höhere Pfarrerskinder ohne Abitur. Hermannswerder: Auf einer Havelinsel, bei Potsdam gelegen, wo die Welt nur über Umwege oder mit einer Fähre zu erreichen ist, nahm sich das Ganze sehr idyllisch aus. Der etwas düstere Internatsbau aus rotem Backstein tat dem keinen Abbruch. An die Unterbringung im Zweibettzimmer war ich schnell gewöhnt. Auch die beinahe klösterlichen Lebensregeln, die Raum und Zeit für gemeinsame Mahlzeiten, Schularbeiten und den täglichen Ausgang fixierten, waren nicht der Grund für den Seelenspeck, den ich hier ansetzte. Die Ausbildung war hart, aber glänzend. Die Lehrer hatten sich aus der »Volksbildung« davongemacht und damit jeder Gängelei entzogen. Sie waren fast alle leidenschaftliche Idealisten mit guten Konzepten, manchmal wuchsen ihnen seltsam alte Zöpfe. Überall in diesem Haus wurde der Geist des alten humanistischen Gymnasiums zum Wehen gezwungen. Von Zeit zu Zeit roch er etwas muffig. Man gab sich gern »wertkonservativ« und zog die Schrauben an. Der neue Mensch wurde aus Disziplin und Leistung gemacht. Im Traum erschienen einem die Lehrer bisweilen als Alpha oder Omega, manche Nacht aber auch höchstlebendig als Kontrolleure.

Bei aller äußeren Strenge erlebten die meisten Schüler nach dem zehnjährigen Spießrutenlaufen im DDR-Schulbetrieb zum ersten Mal so etwas wie geistige Freiheit. Nirgendwo habe ich so viele Anregungen und Anstöße bekommen wie in dieser Zeit.

Freilich trieb das auch seltsame Blüten. Das niedrige Niveau der DDR-Schule hatte bei größtmöglicher Faulheit noch glänzende Noten abgeworfen. Zum Abitur war nur die zweite Garnitur abkommandiert worden. Jetzt war man wieder wer. Das zeigte sich schon in den kleinen Dingen des Lebens. Wer etwas auf sich hielt, wusch sich die Hände mit Westseife und trank zum Frühstück »Jacobs Krönung«. Hier kam man aus gutem Hause und genoss die Privilegien. Ebenso verbreitet war ein gewisses Elitegehabe und melancholischer Stolz, fast die letzte alte Schule »alter Schule« auf dem Boden der DDR zu besuchen. Hinzu kam eine Art Inselkoller. Der normale Lebensalltag geriet in Vergessenheit. Die Konflikte, die gestern noch die Tagesordnung bestimmt hatten, spielten sich in einer fernen Welt ab, die von vielen immer missmutiger und seltener besucht wurde. Eine gewisse Weltverneinung gehörte zu den Tugenden. Nicht nur wegen des Bildungsideals, das man vor sich her trug, war man etwas Besseres. Die »neuen Leiden« des Pfarrerskindes in den Mühlen des DDR-Bildungssystems hatten uns alle zu unfreiwilligen Märtyrern gemacht. Die erzwungene Unbotmäßigkeit hatte uns ausgegrenzt und den »normalen« Weg zum Abitur verbaut. Nun prallten die Einzelgänger aufeinander. Der Individualismus feierte Orgien. Jeder ein kleines Genie. Kaum einer, der nicht Gedichte verfasste oder wenigstens komponierte. In jeder Nische ein Philosoph. Es gab nur eine Handvoll Seminaristen, die vor dieser Ausbildung den Absturz ins normale Leben gewagt hatten. Fünf Leute in meiner Klasse hatten eine Berufsausbildung. Eigentlich war das Voraussetzung für die Aufnahme. Als mangelnde Schülerzahlen den Bestand der Schule bedrohten, gab man schweren Herzens diese wichtige Bedingung auf. Offensichtlich waren viele Pastoren der Meinung, dass es sich für ihre Kinder nicht schickte, unter »normale« Leute in die Lehre geschickt zu werden.

Vielen dieser halben Kinder bekam der Bruch nicht. Manchmal träume ich noch von blassen Zöglingen: Müde Gestalten, die oft eine ganze Woche das Haus nicht verlassen hatten. Dann irrten sie in der feuchten Herbstluft zwischen den welken Blättern umher wie Internierte mit Heimweh. Vom ersten Windstoß in Fieberkrisen gepustet, waren sie bald mit ihrem Latein am Ende und lagen tagelang im Bett. Nach drei Jahren waren einige so verdorben fürs normale Leben, dass sie für ein Studium an einer staatlichen Universität nicht mehr in Frage kamen. Manche von ihnen sah man später im Sprachenkonvikt, einer kirchlichen Hochschule für Theologie, in Hausschuhen in die Vorlesung gehen. Halb hinausgeworfen, halb geflohen bewarb ich mich in Greifswald.

Ein Pastor brennt

Im Sommer 1976 macht eine erschütternde Nachricht die Runde: Pfarrer Oskar Brüsewitz hat sich auf dem Marktplatz in Zeitz verbrannt. Wenn einer so tief in Verzweiflung gerät, so alleingelassen stirbt, ist das nicht ein Zeichen für uns alle, aufzuwachen? Der Schlaf der Jünger am Ölberg ist offenbar noch immer ansteckend.

Dass einer die letzte Tür nimmt, ohne vorher an unsere geklopft zu haben, stellt uns ein vernichtendes Zeugnis aus. Uns allen wird ein Licht aufgesteckt. Die Lektion ist bitterernst: Im Widerschein dieser Fackel wird, solange sie lodert, aus der Gemeinschaft der Heiligen eine Gemeinschaft der Scheinheiligen. Wie viele Seelen brennen im Fegefeuer dieses Staates? Wie viel Asche habe ich davon im Herzen?

Da brennt ein Pfarrer vor meinen Augen nieder, und ich gehe zum christlichen Alltag über! Wo warst du, Adam?

Die Frage des lebendigen Gottes brennt mir mit der Flamme des Bruders ins Gesicht.

Wo waren wir, seine Brüder und Schwestern, als er verzweifelte? Wo war der pastor pastorum, wo war der Seelsorger, und wo waren die, die diese abgründige Verzweiflung kannten? Wo waren seine Lehrer, sein Superintendent? Hatte er nicht wenigstens einen Bischof bei sich? Wie kalt ist es unter denen, die die Welt wärmer machen wollen! So kalt, dass einer dran verbrennt!

Ehe die Fackel irgendetwas entfachen konnte, war sie schon von kirchlicher Seite ausgetreten worden. Ein hoher Kirchenjurist aus Berlin mahnt zur »Solidarität mit unserem Staat«, ehe der Pfarrer seinen Wunden erlegen ist. Später, bei der Beerdigung, sollen Pfarrer Scheren unter dem Talar getragen haben, um Kranzschleifen mit staatsfeindlichen Parolen sofort zu entfernen. Noch vor seinem Tod hatte sich die Landeskirche im »Neuen Deutschland« von der Tat ihres Pfarrers distanziert. Soll ich meines Bruders Hüter sein? In welches Exil wird man hier noch getrieben!

Es folgt in derselben Zeitung eine Kampagne, die den Mann für verrückt erklärt.

Die evangelische Kirche versucht, die vorschnelle Leichenfledderei im »Neuen Deutschland« auszugleichen, indem sie Papiere von der Kanzel verlesen lässt, die der offiziellen Verunglimpfung widersprechen. Ihr löscht den Brand nicht mehr!

Wirkungsvolles Requiem! Wo blieb ein Aufruf an alle Pfarrer, an alle Christen, diesem Mann wenigstens das letzte Geleit zu geben, wenn er von der Christenheit auf Erden nie ein erstes bekommen hatte? Die Gottesdienstbesucher unter den Kanzeln wissen, was gelogen ist. Die Leser des »Neuen Deutschland« wussten immer, was sie glauben sollten.

Mein Bruder ist Oskar Brüsewitz. Der Brand schwelt in mir. Ich will, dass er in jedem Rauch weiterlebt, der aus irgendeinem Schornstein in diesem stinkenden Land gen Himmel steigt. Er starb an den Brandwunden seines Gewissens. Er starb an uns, seinen Brüdern und Schwestern. Er starb an der Ausgewogenheit seiner Kirche und an meiner Feigheit. Er ist ein Märtyrer.

Greifswald

Im August 1976 werde ich die Sonderreifeprüfung an der Ernst-Moritz-Arndt-Universität in Greifswald ablegen. Auf diese Weise komme ich doch noch zu meinem Theologiestudium.

Greifswald ist ein verschlafenes Städtchen in Vorpommern. Überall trifft man auf Überbleibsel der alten Hanse: Über der Stadt thronen drei mächtige gotische Backsteinkirchen. An einigen Patrizierhäusern und historischen Straßenzügen in der Innenstadt ist zu erkennen, dass es hier einmal bessere Zeiten gab.

Die Stadt ist 1945 kampflos an die Russen übergeben worden. Sie erlitt keine Zerstörung durch den Krieg. In dreißig Jahren haben aber die Stadtplaner geschafft, was der Krieg nicht geschafft hat. Die Stadt zerstört sich nach und nach selber. Sie verfault. Lediglich die Kirchen scheinen zu überleben. Gelder aus Westdeutschland und Schweden sorgen für den Bestand. Die Theologische Fakultät ist im Hauptgebäude der Universität untergebracht. Ein ehrwürdiger klassizistischer Bau mit schlichter Fassade.

Studentenkneipen und den dazugehörigen Lebensstil gibt es nur noch in Erzählungen. Die bisweilen gerühmte Tradition dieser alten deutschen Universität prägt das Stadtleben schon lange nicht mehr. Nur die Erinnerung an eine Handvoll berühmter Professoren wird auf ein paar verwitterten Gedenktafeln an zerfallenden Villen festgehalten.

Die Sonderreifeprüfung ist eine Farce. Sie besteht aus einem Prüfungsgang durch alle möglichen Fächer. Das Fach, an dem sich alles entscheidet, wird »Marxismus-Leninismus« sein.

Ein entsprechendes Buch habe ich zur Vorbereitung gekauft: »Historischer und dialektischer Materialismus«. Nach der vorsichtigen Lektüre einiger Seiten hatte ich aber eine solche Abneigung gegen Stil und Stoff dieses post-stalinistischen Kompendiums entwickelt, dass ich es auch jetzt nicht fertigbringe, mehr als das Vorwort zu lesen. M. und ich ziehen es vor, in eine Kneipe zu gehen. Studenten sind nicht zu sehen. Die gehen hier nicht in Kneipen. Die Wohnheime sind weit nach außerhalb verlagert. Dort werden bis zu vier Personen pro Raum gehalten. Die zukünftigen sozialistischen Kader sollen bedürfnislos und strebsam sein.

Wir essen ein mehliges Rührei für zwei Mark zehn. Am nächsten Tag werden wir geprüft. Literatur und deutsche Sprache, ein bisschen Englisch, keine Naturwissenschaften, alles wohlwollend. Die Fakultät oder, wie man es hier nennt: »Sektion«, hat nicht mehr als vierzig Studenten. Dafür einen großzügigen Lehrkörper. Wir sind nur vier Prüflinge, drei andere Studenten werden noch via Abitur dazustoßen. Die M/L-Prüfung rückt näher. Ihr Ergebnis liegt fest, bevor wir den ersten Satz geschrieben haben – sofern wir nicht auffällig aus der Reihe tanzen. Hier geht es nicht um Leistung, hier entscheidet die Anbiederungsfähigkeit und die Ausdauer im Phrasendreschen. Vor allem aber die Akte, die uns vorausgeeilt ist. Wir schreiben eine Klausur über ein Thema aus der »Geschichte der Arbeiterbewegung«. Dann erfolgt eine mündliche Prüfung bei einer wasserstoffblonden korpulenten Dame mit Parteiabzeichen und schlechtem Deutsch.

Unsere Akten sind offensichtlich so »in Ordnung«, dass man bereit ist, mit uns den chronischen Studentenmangel auszugleichen. Die »Sektion Theologie«, früher »Erste Fakultät«, ist nicht zuletzt ein wirksames Aushängeschild für sonst nicht vorhandene geistige Pluralität. Deshalb werden theologische Ausbildungsgänge an allen Hochschulen der DDR angeboten. Man studiert möglichst in Halle, Jena, Greifswald oder Rostock Theologie. Berlin hat wegen starker politischer Indoktrination einen besonders schlechten Ruf. Bismarck soll einmal gesagt haben, wenn die Welt untergehe, wolle er in Pommern sein, dort gehe sie 100 Jahre später unter. Die Wahrheit dieses Satzes erweist sich für die Greifswalder Sektion mindestens darin, dass der ideologische Drill erheblich nachhinkt: Was hier in vielen Dingen noch möglich ist, gibt es in Berlin schon lange nicht mehr. So werden »Akademische Gottesdienste« in der Jacobikirche gefeiert, Fakultätswochen mit westlichen Gastdozenten finden regelmäßig statt, sogar die Aula steht bisweilen für theologische Veranstaltungen offen, wenn der Platz in den engen Räumen der Fakultät nicht reicht.

Studienbeginn

Wir haben alle bestanden. Im September 1976 tragen wir uns feierlich ins Matrikel ein.

Zu viert werden wir in ein verkommenes Kasernenzimmer in der Hans-Beimler-Straße gepfercht. Doppelstockbetten mit verschmutzten durchgelegenen Matratzen, je ein Tisch, je eine Schrankhälfte bilden das traurige Interieur.

Die beiden gerade aus der Volksarmee entlassenen Kommilitonen haben den Militärton noch nicht abgelegt. Nach der Zimmerübernahme müssen wir zu einer Immatrikulationsfeier. Ein großer Blonder im FDJ-Hemd hält einen Vortrag, den ich so schnell nicht vergessen habe. Kern der Rede: »Ein reaktionäres Lied der Bourgeoisie behauptet: Die Gedanken sind frei. Die Wahrheit ist: Die Gedanken sind klassengebunden. Das werden Sie als zukünftige Intelligenz des Arbeiter- und Bauernstaates hier beigebracht bekommen.«

Diese Drohung geht in altsprachlichen Übungen und Lektürekursen unter, die wir Theologen als Erstes zu bewältigen haben. In Griechisch und Latein sind wir sechs, in Hebräisch sieben Studenten. Zu den Sprachen kommen erste Proseminare und die Zwangsfächer Sport und Marxismus-Leninismus (»M/L«). Der Sportlehrer ist ein ehemaliger Offizier, der sein Wettkampfgebrüll mit ideologischen Einlagen versetzt. Für eine sozialistische Persönlichkeit ist diese körperliche Ertüchtigung unerlässlich.

Alles ist genau eingeteilt. Nach fünf Studienjahren muss das Studium beendet sein.

Solschenizyns Läuse

Ein seltsames Gefühl: Ich reihe mich bereits am dritten Zeitungskiosk in eine Schlange. Erstmals seit Ossietzkys Zeiten ist die »Weltbühne« ausverkauft. Der gute Name steht für ein unter der DDR-Zensur auf den Hund gekommenes Provinzblatt, das allerlei Langeweile über das Theater verbreitet. Kaum einer kauft es. Die Kioske geben nicht selten die komplette Lieferung zurück.

Das Heft Nr. 49 vom 7. Dezember 1976 enthält einen schmutzigen Artikel gegen den ausgebürgerten Liedermacher Wolf Biermann. Darin beschimpft der Dramatiker Peter Hacks Heinrich Böll als »*Herbergsvater für dissidierende Wandergesellen ... Biermann hat in seinem Bett übernachtet, und ich hoffe, er hat nicht noch Solschenizyns Läuse darin gefunden*«.

Der Artikel von Hacks enthält die ganze Wut eines Dichters, der offensichtlich gemerkt hat, dass sich die Musen von ihm abgewandt haben. Bitterer Neid ergießt sich nun über den ungeliebten Kollegen, der via Westfernsehen in die DDR zurückgekehrt war und ein Millionenpublikum bis tief in die Nacht an die Fernsehgeräte fesselte. Statt Schriftrollen rollen nun Tonbänder seine Botschaft ein. Das Rauschen, das sich mit jeder heimlichen Kopie verdoppelt, birgt mehr Zustimmung als der Beifall jedes Premierenpublikums. Eine Laus Solschenizyns in Bölls Bett und Biermanns Fell hätte in einer Nacht sicher mehr poetisches Potenzial gewonnen, als die meisten Seifenopern aus Hacks' Feder hergeben.

Ich sehe den aufgeblasenen Stückeschreiber vor der Glotze: »*Spieglein, Spieglein an der Wand, wer ist der Größte im ganzen Land?*« Und dann flimmert es vor seinen Augen: »*Herr Hacks, Ihr seid der Größte hier! Aber der Biermann ...*«

Wie wird er geschäumt haben, als er sehen musste, dass die Genossen von der »Sicherheit« Schweißbrenner brauchten, um

Inschriften aus dem Asphalt der Straßen zu ätzen: »*Biermann hat recht!*« In den Straßenbahnen und U-Bahnen waren ganze Kommandos damit befasst, diese unbequeme Wahrheit wieder von Wänden und Sitzpolstern zu entfernen.

Alle Bücher von Hacks, die wir in unseren Regalen auftreiben konnten – und das waren einige –, verpackten wir in Päckchen und schickten sie an den Verlag zurück mit der Bitte, sie dem Autor zuzustellen – wir hätten sie gewiss versehentlich erworben.

Psychiatrie gegen Militärlager

Alle Studenten müssen ihr zweites Studienjahr mit vier Wochen Militärlager beginnen. Die Studenten, die schon vor dem Studium bei der »Fahne« waren, werden zur Reserve eingezogen. Die anderen kommen in ein besonderes Lager. Da die Ausbildung an der Waffe Pflicht ist, überlege ich, wie ich dem entgehen kann. Eine Weigerung, am Militärlager teilzunehmen, zieht die sofortige Exmatrikulation nach sich. Bis jetzt habe ich niemals eine Waffe in der Hand gehabt. In der Schule und während der Lehrausbildung habe ich mich geweigert. Nein, ich darf auch jetzt auf keinen Fall umkippen!

Ich fahre nach Berlin-Weißensee zum St.-Josephs-Krankenhaus. Die einzige konfessionelle psychiatrische Einrichtung, die ich kenne. Ein katholischer Priester besorgt mir eine Einweisung für eine Therapie. Was sich in diesem Haus sammelt, sprengt alle Erwartungen. Ein Dutzend Lehrer, die drohten durchzudrehen, weil sie nicht mehr in der Lage waren, doppelzüngig zu unterrichten. Der Nachbar und Freund des Professors Robert Havemann aus Grünheide. Die Stasi hatte sein Wohnzimmer beschlagnahmt, um den Regimekritiker von dort aus zu überwachen. Als er handgreiflich werden wollte, drohten sie ihm mit Knast. Er entkam mit einem Krankenschein. Ein Orgelbauer, der bei einem Fluchtversuch um Haaresbreite geschnappt worden wäre. Verspätete Wehrdienstverweigerer, ein Grenzsoldat, der sich mit Tabletten davonmachen wollte. Nachbarn, die ihre Nachbarn nicht bespitzeln wollten. Leute mit Mauersyndrom.

Als das Militärlager drei Wochen im vollen Gange ist, werde ich auf eigene Verantwortung aus der Psychiatrie entlassen. Am Studienort teilt mir der Wehrbereichsleiter in zackigen Sätzen Arbeiten in den Grünanlagen der Universität zu.

Hätte ich nicht offen und ehrlich widerstehen müssen? Hätte ich nicht die Exmatrikulation in Kauf nehmen und deutlich erklären müssen, warum ich hier weder konnte noch wollte?

Nein, ich war nicht als Held geboren. Auch dieser faule Kompromiss zeigt, dass der *erste* Verrat aus Schwäche geschieht.

Schlimmer erging es meinem Kommilitonen Johannes Busch. Unser Mitbewohner Wolfgang Funk und er wurden zum Reservedienst der »Nationalen Volksarmee« eingezogen. Sie wurden geschoren, bekamen die verhasste Uniform und krochen sechs Wochen zur »Verteidigung des sozialistischen Vaterlandes« durch den üblichen Dreck. Johannes war am Ende des ersten Studienjahres durch die M/L-Prüfung gefallen.

In der Kaserne wurde er plötzlich in die Kommandantur gerufen. In einem Zimmer warteten zwei unauffällige Zivilisten auf ihn. Sie taten kameradschaftlich.

»Herr Busch«, sagten sie, »wir wissen, dass Sie einige Schwierigkeiten mit Ihrem Studium haben. Wir sind gekommen, um Ihnen Hilfe anzubieten. Wir könnten uns dafür einsetzen, dass Sie die nächste M/L-Prüfung mit Sicherheit bestehen. Außerdem könnten wir für ein Einzelzimmer im Studentenwohnheim sorgen. Selbstverständlich würden wir Ihnen auch finanziell unter die Arme greifen. Wir verlangen nur eine geringe Gegenleistung. Hin und wieder müssten Sie uns einen ganz allgemeinen Bericht über die politische Stimmung an der Fakultät geben. «

»Für wen halten Sie mich?«, schrie Busch.

»Beruhigen Sie sich, Sie haben Bedenkzeit. Wir werden dafür sorgen, dass Sie hier im Lager einen ruhigen Posten bekommen. In Greifswald können Sie uns dann Bescheid geben. Allerdings ist äußerstes Stillschweigen geboten. Sie dürfen mit keinem Menschen darüber reden. Und denken Sie an die M/L-Prüfung.«

»Machen Sie Ihre Drecksarbeit gefälligst selber!«, rief Busch. Er riss die Tür auf und rannte auf den Flur. Seinem Greifswalder Leidensgenossen, der am anderen Ende des Flures gewartet hatte, rief er zu, dass man es in der ganzen Baracke hörte: »Die Stasi ist da. Die Schweine wollten mich anwerben!«

Nach der Entlassung aus dem Militärlager sucht er den Dekan der Theologischen Sektion auf. Nachdem dieser nichts unversucht gelassen hat, Busch zu helfen, freilich ohne den geringsten Erfolg, rät er ihm, an eine kirchliche Hochschule zu wechseln, da es unter den gegebenen Umständen völlig aussichtslos sei, die M/L-Prüfung zu bestehen. Busch reicht daraufhin aus »psychischen Gründen« seinen Exmatrikulationsantrag ein.

Geselbstmordet

Cand. theol. Andreas E. ist ein unauffälliger Einzelgänger. Einer, von dem man nur weiß, dass er Examen macht und in welchem Zimmer er wohnt. Man sagt: »Hallo«, wenn man ihm begegnet, mehr gibt es nicht zu bereden. Selten ist Andreas mit anderen Kommilitonen zusammen. Wenn er da ist, weiß keiner, wann er gekommen ist und warum. Einer, der zuhören kann und selten selbst etwas sagt.

In letzter Zeit gibt es oft Leute, die sich in der Klingel irren. Herren mittleren Alters von der auffälligen Art, meist zwei. Fast bei jedem von uns haben sie schon »versehentlich« geschellt und nach »Herrn Andreas E.« gefragt. Man zeigt ihnen die richtige

Klingel und lässt sie stehen. Seitdem diese Besuche zunehmen, wechseln wir, wenn Andreas sich »auf ein Bier« dazu setzt, vorsichtshalber das Thema. Wer weiß, was für Herren das sind und was sie von ihm wollen. Der Zimmernachbar will gehört haben, dass Andreas und sie sich anbrüllten. Einmal soll er sie rausgeschmissen haben. Aber sie sind wiedergekommen.

Als ich Andreas das letzte Mal sehe, sage ich nichts als: »Hallo.« Einen Tag später ist er tot. Er ist zum Königsstuhl nach Rügen gefahren. Abgesprungen. Kurz vor dem Examen.

Sie haben ihn geselbstmordet. Darum fragt keiner mehr nach Herrn Andreas E.

Ein Ferngespräch von der »Behörde« aus Berlin erreicht die Theologische Sektion kurz nach der Todesnachricht. »Sorgen Sie dafür, dass diese Beerdigung nicht zu einem politischen Aufmarsch missbraucht wird.« Niemand hatte sich das irgendwie vorgenommen.

Ein Flüchtling entwirft seine Flucht

Ein Mensch muss seine Grenzen kennen

Ich lernte Joseph kennen, als eine Studentenfete sich in Bierdunst und kalten Kippen langsam auflöste. Er wirkte nervös und etwas angetrunken, als er mir eröffnete: »Man muss abhauen.«

Ich war erstaunt, dass man einen so zweideutigen Satz mit so eindeutiger Überzeugung von sich geben konnte – zumal wir uns nicht kannten.

»Gut, gehen wir noch ein wenig zu mir nach Hause.«

»Nein, abhauen vor sich selbst, nicht von der Fete. So was hält man aus, solange der Kasten nicht leer ist.«

»Abhauen wovor?«

»Vor der Vergangenheit, die nicht vergeht.«

Er war ungefähr zwanzig, sehr nervös. Zahnmedizinstudent, hatte eigentlich Arzt werden wollen, aber keinen Studienplatz zugewiesen bekommen. Wir verließen das Wohnheim, als es schon dunkel war. Er lief plötzlich mit großen, gleichmäßigen Schritten voran bis an die nächste Laterne, stoppte dort, wartete, bis ich ihn einholte. »Man muss die Entfernung verinnerlichen, die ein Weg im Dunkel bleibt, zwischen zwei Laternen.«

»Ist der Abstand immer gleich?«

»Ja.«

Wir gingen weiter, unter jeder Laterne flackerten seine Augen. »Ich kenne den Abstand schon von der Grenze her, dort war allerdings jede Laterne eingeschaltet, nicht nur jede zweite, das Ende aller Wege muss gesehen werden.«

»Du warst an der Grenze?«

»Ja, und ich stehe immer noch davor.«

»Du warst richtig Grenzsoldat?«

»An der Berliner Grenze, ohne Überzeugung, ohne Bereitschaft, ohne Ausweg.«

»Du hättest dich weigern können!«

»Dann hätte ich nicht studieren können.«

»Nun wirst du die Grenze nicht mehr los.«

»Nur, wenn ich sie überwinde.«

»Das wird nicht gehen, ohne ein Loch im Bauch.«

»Es gibt perfektere Grenzen als gerade diese.«

»Mag sein. Für mich ist sie undurchlässiger und realer als das Ende der Welt.«

Er schwieg einen Moment. Dann sagte er: »Sie ist nicht undurchlässiger als ein Sieb. Deine Angst ist die wirkliche Grenze. Diese Grenze hat ihre Grenze auch in der Angst.«

»Das ist mir zu philosophisch.«

»Im Gegenteil. Ganz banal. Ihre Wirksamkeit hängt in erster

Linie davon ab, wie viel Angst sie einflößt. Erst dann von ihrer Bewachung, die geradezu von der Angst der Bewacher lebt. Ihre Stärke ist zugleich ihre Schwäche und der Schlüssel für ihre Überwindung. Es gibt nur einen gültigen Satz: Der deutsche Soldat hat mehr Angst vorm Vorgesetzten als vorm Feind.«

»Eine schöne Theorie, aber für die Praxis der Grenzüberschreitung unbrauchbar. «

»Nein, sogar der einzige Weg.«

»Der Hauptmann von Köpenick mit einer Leiter!« Ich musste lachen.

»Das ist keine Posse! Es ist der sicherste Weg von Ost nach West!« Ich wechselte das Thema. Es wurde mir zu ernst. Mit einem Unbekannten spricht man nicht über die Grenze.

»Bist du schon lange in Greifswald?«

»Ein halbes Jahr, aber nicht mehr lange.«

»Willst du wechseln?«

»Ja, die Seite. Man muss die Seite wechseln. Es ist nicht gut, immer eine Grenze vor Augen zu haben.«

Das Thema ließ sich offensichtlich nicht verhindern.

»Ein Mensch muss seine Grenzen kennen!«, fuhr er aufgeregt fort.

»Eben. Aber die eigenen, nicht die fremden!«

»Die fremden auch. Sie sind meist die sichtbaren. Auch schwerer zu überwinden.«

»Solange sie aus Beton sind, halten sie eine Leiter aus.«

»Und mehr als ein Menschenleben.«

Amerika in der Flasche

Zu Hause hatte ich noch eine Flasche »Bourbon« und eine Schachtel »Camel«. Beides aus dem »Intershop«.

Ich goß jedem ein Glas ein. Bernsteinfarbene Weltreise auf

Pressglasboden. Er roch an der Zigarette. »Das ist Amerika«, spottete ich.

»Schlimm genug«, sagte er, »sich Amerika vorstellen zu müssen, wenn man in der DDR lebt. Kalifornien aus der Nuckelflasche.«

»Mir schmeckt diese Vorstellung. Besser Plastikbrust als gar keine Milchflasche.« Er zog an der Camel.

»Man könnte sich dran gewöhnen, wenn sie nicht falsch wäre.« (Ich stellte mir die DDR vor als »Nordhäuser Doppelkorn«, dazu eine Schachtel »Karo«.)

»Man muss sich dran gewöhnen, um sie für falsch zu halten«, sagte ich und blies ihm Rauch ins Gesicht.

Als die Flasche sich langsam leerte, hatten wir uns an Amerika gewöhnt. Im Hintergrund quäkte Bob Dylans »The Times they are changing« zum x-ten Mal aus dem kleinen Kassettenrecorder. Er blieb und schlief auf dem Fußboden.

Die Provinz im Kachelofen

Er hatte Gedichte abgeschrieben: Kunze, Biermann, »Samisdat«-Übersetzungen. Ein Packen vergilbtes Papier landete auf dem Tisch. Er habe auch selbst geschrieben, sagte er, ein Drama über den Bauernkrieg. Aus seiner Tasche holte er Manuskripte.

»Aber das ist vorbei. Schreiben schadet. Man liest sich selbst zu sehr. Das macht weltfremd. Man gewöhnt sich an die Provinz, von der man sich einbildet, sie schreibend überwinden zu können.«

»Und die Gedichte?«

»Ich habe mit ihnen in diesem Land gelebt. Sie gehören zu dieser Provinz meines Lebens.«

Es war ihm also ernst, und offensichtlich hatte er es sehr eilig. »Wie willst du es anstellen, fortzukommen?«

»Ich werde an der Stelle über die Mauer klettern, die ich bewacht habe.«

»Wie willst du da unbemerkt hineinkommen?«

»Eben auf die einzige Weise, die möglich ist – als Offizier.« Ich schwieg und dachte bei mir, er könnte es wohl planen, aber nicht schaffen.

Als wir uns das nächste Mal sahen, hatte ich die meisten seiner Manuskripte wunschgemäß im Kachelofen verbrannt. Wie ich erfuhr, hatte er noch einen Freund und dessen Freundin für die Flucht gewinnen können.

Dies war eine langwierige Arbeit gewesen, denn die Hauptaufgabe aller Überzeugungskunst war die, seinen Gesinnungsgenossen die Angst vor der Grenze zu nehmen.

Sie hatten nicht wie er mit bloßen Augen von einem Turm aus sehen können, wie wenige Meter nur fehlen – bis nach Westberlin. Was sie aufhielt, war der Glaube an die sicherste Grenze der Welt. Er hatte ihnen erzählt, wie er sich heimlich ein Transistorradio in die Thermosflasche eingebaut hatte, um zusammen mit seinem zweiten Streifengänger das Kölner Konzert Wolf Biermanns, das die Ausbürgerung des Liedermachers nach sich zog, zu hören. Beide Grenzbewacher waren abwechselnd erschüttert und begeistert und hatten ganz vergessen, dass sie eigentlich das Vaterland verteidigen mussten. Er hatte ihnen auch berichtet, wie sehr die Offiziere schlechte Stimmung bei den Soldaten fürchteten. So konnte es vorkommen, dass im Kasernenhof zu Klängen von Pink-Floyd-Musik Bratwürste verteilt wurden, wenn die Stimmungskurve gegen null ging. Er hatte ihnen weiter erzählt, dass der Schießbefehl an der Mauer zeitweise außer Kraft sei, dass in Richtung Westberlin sowieso nicht geschossen werden dürfe und dass Minen an der Berliner Mauer nicht zu befürchten seien, geharkter Rasen hin und her. Hunde gab es an der Stelle nicht, die er für die Flucht vorgesehen hatte.

Sehr schwierig und viel gefährlicher war die Beschaffung

zweier Uniformen, eines Bolzenschneiders und des Fluchtautos.

Inzwischen hatte er – wie er mir erzählte – bei den Studenten der Militärmedizin zwei Mützen gestohlen. Eine für den Offizier, eine für seinen Fahrer. Die Militärmediziner gehörten in das Greifswalder Stadtbild. Allmorgendlich waren uniformierte Studenten auf dem Fahrrad unterwegs zur Universität. Niemand wunderte sich mehr über die jungen Gesichter in den alten Mänteln.

Da zum Zeitpunkt der Flucht Sommer befohlen sein würde, bedurfte es weder eines Mantels noch einer Jacke. Blousons reichten aus. Er besorgte sie bei Angehörigen der Reichsbahn. Die Blousons, die bei der Bahn getragen wurden, waren militärisch geschnitten und ebenfalls grau – mit einem leichten Blaustich, während der Farbton bei den Grenztruppen mehr ins Grünliche ging. Bei Laternenlicht war dieser Unterschied nicht auszumachen. Er zeigte mir die Mützen.

Wieder versuchte ich, ihm die Gefahr des Hinterlandes auszumalen. Immer war von Staatssicherheitsleuten zu hören, die im Grenzgebiet Kontrollen durchführen könnten, vielleicht auch schon die Straßen in unmittelbarer Nähe der Grenze überwachten:

»Aus der Nähe sehen manche schwarze Katzen nicht mehr grau aus.«

Eines Morgens kam er mit militärisch kurz geschorenen Haaren. Er hatte eine Schachtel Camel besorgt – wir rauchten zum Abschied –, ohne ein Wort über die Flucht zu verlieren. In seinen Gedanken war er schon lange unterwegs.

Die Entsicherung einer perfekten Grenze

Ich wusste, dass er den nächsten Zug nach Berlin nehmen würde. Im Stillen hoffte ich, dass er im letzten Augenblick Abstand von dem Todesmanöver nehmen würde.

Wie verabredet, traf er in Berlin seinen Freund, der Steckleitern, Bolzenschneider und gefälschte Nummernschilder mit den Initialen GT (Grenztruppen) bei sich hatte.

Inzwischen hatten sie auch den Besitzer eines weißen Wagens der Marke »Wartburg« ausfindig gemacht, wie er sich für Offiziere der Grenztruppen schickt.

Dem Besitzer wurde klargemacht, dass es sich um eine Verlobungsfahrt handle, für die ein weißer Wartburg das einzige Fahrzeug wäre, das dem festlichen Charakter einer solchen Gelegenheit Rechnung trage. Im Nehmen war der Besitzer nicht kleinlich – für 300 Mark war er bereit, seinen Wagen einen Nachmittag lang zu entbehren. Die drei fuhren los. Josephs Schulterstücke wurden im letzten Moment noch auf den Rang eines Oberleutnants degradiert, weil der höhere Dienstrang sich mit dem jungen Gesicht schlecht vertrug. Der Wagen wurde in einer kleinen Schneise abgestellt. Vom Gebüsch aus beobachteten die verkleideten Grenzverletzer je eines der Ausgangstore des Grenzabschnittes, die etwa einen Kilometer voneinander entfernt lagen. Da von Zeit zu Zeit eine motorisierte Streife die Strecke abfuhr, musste sichergestellt sein, dass die gleiche Anzahl von Soldaten den Abschnitt wieder verließ, wie hineingefahren war. Die Frau war als Kurier in der Mitte postiert worden.

Als es soweit war, krümmte sich die Frau unter einer Decke auf dem Rücksitz des Wagens zusammen. Langsam ging die Fahrt an das eine der beiden Zugangstore zum Grenzabschnitt.

Die wachhabenden Soldaten auf dem Turm nahmen den heranfahrenden vermeintlichen Offizierswagen zur Kenntnis und vermuteten eine Kontrolle. Schnell ließen sie die Kaffeebecher vom Tisch verschwinden, brachten ihre Uniformknöpfe in Ordnung und schalteten das illegale Radio ab. In der Deckung des Stahltores brach der Fahrer des Wagens das Vorhängeschloss an der Kette, die durch Löcher der beiden Torflügel gezogen war, mit einem Bolzenschneider auf. Der Wagen rollte in den Grenzstreifen. Der Fahrer versperrte nach der Einfahrt das Tor mit einem neuen Vorhängeschloss. So war vom Turm aus nichts Auffälliges festzustellen. Die Soldaten grüßten nach Vorschrift. In einem toten Winkel des Wachturms hielt der Wagen.

Die Flüchtlinge stiegen aus, durchschnitten den Draht vor der Mauer, Alarm wurde ausgelöst. Vom Turm aus war nichts zu sehen. Nach vorherigen Berechnungen blieben jetzt etwa fünf Minuten Zeit, um die Sperranlagen zu überwinden. Dank der mitgebrachten Steckleitern stellte die Betonwand kein erhebliches Hindernis dar. Gefährlich werden konnte ihnen nur noch die motorisierte Streife, die auf den Alarm hin sofort ausgerückt war. Vergeblich versuchten die herbeigeeilten Soldaten nun, das Tor zu öffnen. Ihr Schlüssel passte nicht zu dem Schloss an der Kette.

Es blieb ihnen nichts anderes übrig, als zu dem anderen, weit entfernten Tor des Abschnittes zu fahren. Inzwischen hatten alle drei Flüchtlinge die Mauer überwunden. Auf einem Bahngleis, das zwischen zwei Mauern die einzige Verbindung zur Westberliner Exklave Steinstücken bildete, rannten sie die letzten Meter auf ihr Ziel zu. Die Streife, die jetzt in das andere Tor eingefahren war, fand sich im Lichtkegel der aufgeblendeten Scheinwerfer des Fluchtwagens, dessen Motor noch lief. Sie wagten sich erst näher heran, als sie von jenseits der Mauer die Rufe der Entflohenen hörten: »Wir haben es geschafft. Wir sind im Westen.«

Ein deutsches Requiem

Ein Kasten Bier stehe noch in der Waschküche, sagte er, als er mir mal wieder eine Schallplatte zum Abschied schenkte. Die Erinnerung brennt sich ein:

Brahms' »Requiem« quäkt aus dem Plastikdeckel des Plattenspielers. Es kracht, wenn die Nadel aufsetzt, wieder und wieder an der gleichen Stelle: »Die Erlöseten des Herrn werden wiederkommen und nach Zion kommen mit Jauchzen ...«

Er kommt nicht wieder. Zion liegt jedenfalls nicht in diesem Leben! Auf Wiedersehen in Zion! Willst du nicht mit? Nein! Das bedeutet: Jede »Karo«, jede Träumerei gilt als die letzte. Wir gingen nach Eldena zur Klosterruine und sahen uns an, wie Caspar David Friedrichs Sonne sich nach Westen davonmachte.

Als es kühl wurde, gingen wir über den alten Friedhof in seine »Gruft«, wie er den Kellerraum nannte, den er gegen das Vierbettzimmer im Wohnheim getauscht hatte.

Kein Wort darüber, dass er geschnappt werden könnte, kein Wort über die blinde Wut, die ihn grausam treffen würde, kein Wort über das Lied vom Tod, das in den fehlenden Bässen des Plastiklautsprechers drohte.

Es schmerzt seither unglaublich, Brahms zu hören.

Von einem Tag auf den anderen ist er weg. Wir durchforsten eilig den spärlichen Nachlass in seinem Kellerraum, ehe die Stasi kommt. Es riecht nach kalten Kippen. Wir suchen nach Zetteln, Mitteilungen, Spuren. Er hat gut aufgeräumt, das meiste schon verbrannt. Eine Pfeife, ein Rest Tabak, ein paar Tassen ohne Henkel. Der Plattenspieler, der einen Span aushebt. Ein paar zerkratzte Platten, die wir gestern noch ganz anders gehört haben.

Nach dem Aufräumen gehe ich mit Matthias nach Eldena. Die Sonne zeigt uns den Ausweg, den glücklichen Ausgang. Er lebt immerhin. Wenn auch ohne uns.

Wenn dieses Tal der Lügen, in dem er uns zurücklässt, wenigstens nicht so grau wäre! Hat er uns verraten? Hätte er nicht aushalten müssen wie wir? Weitersuchen? Waren wir ihm nicht wichtig genug? Sterben denn in diesem Land alle Söhne vor den Vätern? Wie lange halten wir das noch aus?

Wenn er wenigstens haltbarere Gründe, bessere Ausreden gehabt hätte als wir!

Er hatte einfach die Hoffnung aufgegeben, dass wir mit unserer aufgesparten Heiterkeit noch über die Jahre reichten. Er war nicht zufrieden mit geborgter Zuversicht. Er wollte nicht mehr in diesem Erziehungsheim leben.

Der muss doch wissen, wie er uns verletzt!

Was sollen wir tun, wenn es so weitergeht? Wenn einer nach dem anderen sich losreißt von unserer Sehnsucht? Wir öffnen jeder eine Flasche Bier in Eldena unter der Sonne. Darf man dieses Land verlassen? Dürfen wir fortgehen, und die anderen singen uns ein trostloses Requiem hinterher? Darf man in die Knie gehen, endgültig? Was sind das für zerrissene Gedanken! Wir laufen im Nebel am Rieck entlang, schweigen kilometerlang. Jeder weiß, was der andere jetzt denkt.

Joseph ist kein Verräter, ist nicht dumm. Wenn so einer sein Leben riskiert – was spricht für diesen Schritt? Was spricht dann noch dagegen?

Endlose Nächte voller Abschied und immer die gleichen, rastlosen, quälenden Fragen!

Haben nicht auch wir ein Recht zu erfahren, was eine Menschheit sein könnte?

Nur mal sehen, wie das ist im Westen! Nur einmal gegen das Fernweh die Fähre besteigen, die zu den Namen fährt, die auf der Landkarte verblassen. Ich kann doch nur lieben, was ich auch loslassen kann, diese Stadt hier, diese Menschen, dieses gebremste Leben. Wieder nächtelang dieses fesselnde Gewissen, diese Qual, ob du gehen darfst, loslassen, im Stich lassen, Wunden reißen. Es gibt Wunden, die niemals mehr vernarben werden. Niemals unter diesem Dreckverband!

Wir selbst haben doch immer am tiefsten darunter gelitten, dass wir zu wenige waren. Was soll werden, wie soll das aussehen, wenn alle guten Menschen hier abhauen wegen der Westwurst! Diese menschliche Grundangst, diese Gewissensqual wird moralisch noch untermauert.

»Jeder muss seinen Dienst tun, wo der Herr ihn hingestellt hat«, sagt der Bischof von Greifswald und sucht »der Stadt Bestes« in einem gold-metallicfarbenen Mercedes.

Schnell und bequem. *Die* Verhältnisse ändern sich langsam und unbequem, wie im richtigen Leben. Was in der Geschichte nur ein Seufzer ist, könnte all unsere gute Zeit sein.

Soll ich mein kurzes Menschenleben den Bonzen vor die Füße werfen?

Wenn morgen die Mauer offen wäre – was tätest du? Matthias wäre weg, schneller als die Sonne. Ich auch. Du auch, mein Freund?

Ist es am Ende nur die Feigheit, die uns hier festhält? Sind all unsere heroischen Pläne, diese eingepferchte Menschheit in Gottes Namen noch retten zu wollen, am Ende nur Notlügen, weil wir uns nicht trauen? Ist es die Angst vor der Endgültigkeit dieser Entscheidung? Zurückgekommen ist freilich noch keiner.

Solche Fragen musst du ersäufen, wenn du leben willst, wenigstens überleben.

Nach dem dritten Bier geht es uns besser. Die Betäubung setzt ein. Als die Sonne ins Mansardenfenster steigt, versinken wir wieder in der alltäglichen Langeweile dieser Stadt. Die Schallplatte bleibt neuerdings hängen, ehe der Zion kommt.

Fluchtversuch

Seit gestern ist auch Michael weg. Die engsten Freunde sind nun alle im Westen. Micha ist im Kofferraum irgendeines Autos abgehauen. Er ruft aus West-Berlin an. Es ginge ihm gut, sagt er, es habe sich gelohnt, der Weg war sicher.

Sie kommen sich vor wie der dumme Rest. Keiner darf sich verabschieden, dennoch: Jede Nachricht vom Leben im »Jenseits« ist ein kleines Sterben. Anrufe sind wie Nachrufe. So muss es alten Leuten gehen, die übrig bleiben unter all den toten Freunden. Micha hatte versprochen, sie zu holen, wenn alles gut gegangen sei. Sie nahmen es als versuchten Trost gegen die Endgültigkeit seines Fortbleibens, ohne recht dran zu glauben. Nach einigen Monaten schickt Micha ihnen U., der sagt, alles sei kein Problem, ein sicherer Weg. Sie wollen nicht. Micha ist verärgert. Die Stasi, lässt er sie wissen, spiele schon verrückt, alle seien weg, nur sie noch übrig. Sie wüssten außerdem zu viel. Sie hätten keine Chance, die Stasi hielte sie für »Fluchthelfer und Drahtzieher« im Osten. Sie könnte jederzeit zuschnappen. Sie wollen dennoch nicht auf diesem Wege. Die gemeinsamen Träume haben kein Herz mehr. Sie werden kalt über Nacht. Micha schickt ihnen S., eine Freundin, die sagt, alle Zweifel seien verständlich, auch er habe sie gehabt, aber nun gehe es los. Sie wissen, dass sie beobachtet werden. Der geplante Sturz ins Leben verträgt kein Publikum.

Als S. das nächste Mal kommt, helfen keine Argumente. Sie gibt ihnen einen Ort in der Nähe von Potsdam an. An der Autobahnauffahrt Löwenbruch sollen sie auf einen roten Lada mit Westberliner Kennzeichen warten. Es gäbe kein Zurück mehr. Am Tag vorher sollen sie keinesfalls zu Hause aufkreuzen, auch nicht zu Hause übernachten. Sie fahren den ganzen Tag S-Bahn, kreuz und quer durch Berlin, bis Mitternacht. Dann laufen sie stundenlang durch das nächtliche, tote Berlin. »Heute noch wirst du mit mir im Paradiese sein.« In ein paar Stunden sind sie schlimmstenfalls tot. Oder im Knast. Oder im Westen. Die werden schon nicht schießen. »Vielleicht gehen wir übermorgen über den Ku'damm.« Mit solchen und ähnlichen Aussichten versuchen sie, die Angst zu verjagen. Am Morgen essen sie ein kalt gewordenes Bauernfrühstück im S-Bahnhof Friedrichstraße. Nicht dran denken, an nichts denken. Noch mal durch Ost-Berlin bummeln, nicht gesehen werden. Sie essen im Schwedenhotel Mittag. Eine Art Henkersmahlzeit, wenn es schief geht. Es will nicht schmecken. Vielleicht essen sie morgen schon aus Blechschüsseln. Um 19 Uhr sollen sie an der Autobahn sein. Da es dorthin keine Verbindung gibt, fahren sie nach Potsdam, von dort nehmen sie ein Taxi. Der Taxifahrer wundert sich. Sie erfinden eine Geschichte.

Um 22 Uhr ist noch immer kein roter Lada da. Sie fahren nach Berlin zurück, rufen bei Micha an. Es habe nicht geklappt, sagt er, am nächsten Tag sollten sie in Potsdam an einer genau beschriebenen Ampelkreuzung in den besagten Lada einsteigen, dann ginge alles klar. Wieder eine Höllennacht, dann stehen sie zwei Stunden lang in Potsdam an der Straße. Mit klappernden Zähnen. Gut, dass es Winter ist: Man kann Angst und Kälte, Frust und Frost schlecht unterscheiden. Auch hier kommt kein Wagen. Sie fahren nach Hause – halb erfroren, halb froh. Der befürchtete Kater nach dem Erwachen aus dem Traum vom Leben, die Wut, dass es nicht geklappt hat, all das hält sich in Grenzen. Melancholie mit Lichtschimmer. Nicht tot und nicht im Westen, dafür auch nicht im Knast. Sie teilen Micha mit, dass sie für eine solche Aktion nicht mehr in Frage kommen. Was er Sicherheit nennt, hätte man früher mit Dilettantismus bezeichnet. Micha, hören sie später, habe vor Wut geschäumt. Nach all den verwarteten Stunden haben sie das erste Mal so etwas wie eine Heimkehr erlebt. Wie heimatlos auch immer. Die Melancholie weicht einer rabenschwarzen Zuversicht. Die Angst scheint mit jedem vergessenen Gesicht geringer zu werden.

Sie versuchen, hinter der nicht gefundenen Tür sesshaft zu werden. Die Toten sind gerecht verteilt unter den Überlebenden. Ein lebendiger Mensch ist überall ein seltener Vogel.

Wehrkundeunterricht

Gerüchte sind aufgekommen, dass es ein neues Schulfach geben soll: »Sozialistische Wehrerziehung«. Diese soll wie Mathematik oder Deutsch zu den Pflichtfächern gehören. Es soll Noten geben. Vorgesehen ist neben der Ausbildung an Kleinkalibergewehren vor allem ein »Feindbild«, das jedem Kind im 9. und 10. Schuljahr in einem gesonderten Unterricht eingebläut werden soll. Die Weigerung, an diesem Fach teilzunehmen, wird als unentschuldigtes Fehlen gewertet und ins Zeugnis eingetragen. In einer kleinen Gruppe von Theologiestudenten überlegen wir, was zu tun ist. Wir hoffen, dass die Kirche maßgeblich dagegen Stellung beziehen und diese Aufrüstung in der Schule verhindern wird.

Die sonst unübliche, recht langfristige Vorankündigung durch die Volksbildung scheint uns Zeichen genug für eine gewisse Unsicherheit der staatlichen Stellen zu sein. Das zwingt zum Handeln. Etwa im Sommer erscheint ein kircheninternes Papier, das sanft, seicht, ausgewogen und nichtssagend ist. Den staatlichen Stellen kann nicht besser signalisiert werden, dass vor der Einführung am 1. September kein Widerstand zu erwarten ist. Wir entwerfen eine kleine Schrift an die Kirchenleitung, für die wir Unterschriften sammeln wollen.

Wollenberger

Gelegenheit für eine Unterschriftensammlung bietet sich in meinem Berliner Freundeskreis. Der Dichter Knud Wollenberger lädt von Zeit zu Zeit in seine Wohnung zu Lesungen ein. Dort treffen sich alle möglichen Leute, die schreiben oder gern zuhören. An diesem Abend ist es besonders voll. Aus Leipzig wird der Dichter A. R. erwartet, der als sehr begabt gilt und einige kleine Gedichtbändchen veröffentlicht hat. Es ist gute Stimmung. Einer liest etwas von knallenden Eisentüren in Stasi-Kellern.

Nachdem Knud mit seiner sanften Stimme einige seiner neuen Gedichte verlesen hat, trage ich mein Papier an die Kirchenleitung vor. Ich bitte die anwesenden Leute um ihre Unterschrift, da ich das Papier noch in dieser Woche abgeben will. Die Leute überlegen, ob sie unterschreiben sollen. Da meldet sich Knud zu Wort. Leise und verhalten macht er darauf aufmerksam, dass der Bischof doch eigentlich unser Verbündeter ist. Wir sollten ihn nicht mit unseren Forderungen verärgern. Er wird die Spielräume der Kirche besser einschätzen können als wir. Es käme jetzt darauf an, erst einmal die Reaktionen nach der Einführung des Unterrichts abzuwarten. Er hielte Unterschriften in diesem Moment für taktisch unklug. Nach diesem eindringlichen Appell unterschreiben die meisten nicht. Manche sagen, sie wären sowieso nicht in der Kirche, andere, sie wollten noch in den Schriftstellerverband.

Nach zwölf Jahren habe ich erst begriffen, warum Knud Wollenberger damals so vehement Unterschriften verhindern wollte: Er hieß mit richtigem Namen »IM Donald«. Der Ehemann der später wohl bekanntesten Bürgerrechtlerin hat auch seine Frau Vera bis zum Zusammenbruch der DDR ausgehorcht und Berichte über sie geschrieben.

Der Bischof und die graue Eminenz

Ein paar Tage später gehe ich mit meinem Papier in die Kanzlei des Berliner Bischofs Albrecht Schönherr und gebe es seinem Sekretär. Der Bischof ist nicht zu sprechen. Ich bitte um umgehende Nachricht, was von der Kirchenleitung zu erwarten sei, andernfalls müssten wir eigene Wege gehen. Eine Woche später werde ich »einbestellt«. Mit einem Freund fahre ich in den »Vatikan« nach Weißensee. Der Bischof erwartet uns und hat den Kirchen-Juristen Manfred Stolpe mitgebracht. In einem zweistündigen Gespräch versuchen die beiden, uns zu beschwichtigen. Ein ganzer Aktenordner wird aufgeboten, in dem die kirchlichen Verhandlungs-»Erfolge« seit dem berüchtigten, zum kirchlichen Feiertag aufgemöbelten 6. März 1978 bilderreich dokumentiert werden: Erich Honecker und der Bischof von allen Seiten beim Handschlag.

Der Bischof gibt an, das Papier mit Interesse gelesen zu haben. Er sähe aber im Augenblick keine Möglichkeit, die staatlichen Stellen irgendwie umzustimmen. Das Papier fordere Handlungen an, die bisherige Ergebnisse gefährden könnten. Im Übrigen werde er bei Verhandlungen mit staatlichen Stellen immer gefragt: Für wen sprechen Sie eigentlich? Die Christen wären in diesem Lande nun mal eine Minderheit, damit müsse man sich abfinden. Gegen diesen – zugegeben unschönen – Unterricht ließe sich keine Mehrheit mobilisieren. Was wir denn außer dem Papier noch für Aktionen vorhätten, werden wir gefragt. Wir hätten auf die Kirche gebaut und müssten nun ohne sie planen, sage ich. Wege gäbe es genug, den Anliegen unseres Papiers Gehör zu verschaffen. Der Kirchenjurist merkt an, dass wir lernen müssten, in größeren Zusammenhängen zu denken. Bei einer eventuellen Veröffentlichung drohe uns Gefängnis.

»Dann erwarte ich Ihren juristischen und des Bischofs seelsorgerlichen Beistand!«, sage ich.

»Nicht einmal den moralischen bekommen Sie in diesem Fall!«, sagt der Kirchenjurist drohend.

Weil wir mit der Veröffentlichung eines solchen Papiers die Bemühungen der Kirchenleitung empfindlich stören, könnten wir das auch nicht erwarten. Nun wissen wir, dass wir hier fehl am Platze sind. Uns wird kalt im warmen Juli. Als wir die Kanzlei verlassen, fühlen wir uns einsamer als je zuvor. Wir planen einzelne Eingaben. Nach den Semesterferien gibt es in der Schule ein neues Fach und vertraute Feinde. Der Protest von Lehrern, Schülern oder Pfarrern ist kaum der Rede wert. Interne kirchliche Informationen besagen, dass in der ganzen DDR nur 100 (in Buchstaben: hundert!) Kinder den Unterricht nicht besuchen. Die Formel von der »Kirche im Sozialismus« hat einen breiten Sieg errungen.

Der Nachfolger des Bischofs

Der Nachfolger des Bischofs war nicht folgsam und kam zu spät. Er schwamm gegen den Strom. Er war von West nach Ost gegangen, als die meisten von Ost nach West gingen.

Er konnte seinem Vorgänger in vielem nicht folgen. Er war der Überzeugung, dem lieben Gott sei »mit geheimdienstlichen Methoden nicht auf die Sprünge zu helfen«. Die Meinung seines Generalsuperintendenten, man müsse »mit dem Teufel paktieren, um für die Menschen etwas herauszuholen«, teilte er nicht. Man sah ihn nicht von Tribünen winken. Man sah ihn nicht im »Neuen Deutschland«. Wo die Bonzen sich laden ließen, luden seine Kollegen ihn gehorsam aus.

Als zwei Oberschüler wegen eines friedlichen Zeichens am Mantel von der Schule gefeuert worden waren, soll er dasselbe Zeichen so lange friedlich am Mantel getragen haben, bis die Schüler die Schule wieder besuchen durften.

Als der Bürgerrechtlerin Vera Wollenberger der »Prozess« gemacht wurde, saß der Nachfolger des Bischofs nicht auf Empfängen, sondern im Gerichtssaal und schaute der Stasi aufs Maul.

Der Nachfolger des Bischofs heißt Gottfried Forck. Er war der letzte ostdeutsche Bischof der Berlin-Brandenburgischen Kirche nach dem Mauerbau.

Vielleicht auch der erste.

»Herrschende Klasse« mit Zivilcourage

Gutsmann ist Dreher bei »Bergmann Borsig«. Sonntags ist er häufig im Gottesdienst. Er hat zwei Töchter, 13 und 15 Jahre alt. Beide sind nicht in der FDJ. Gutsmann ist ein geradliniger und aufrichtiger Mensch, der sagt, was er denkt. Als ich ihm erzähle, dass ein neues Unterrichtsfach geplant sei und worum es sich dabei handelt, erkundigt er sich nach den Sprechzeiten der Schuldirektorin und geht in die Schule. Die Angelegenheit sei dringend, sagt er.

»Die Direktorin ist nicht zu sprechen«, sagt die Sekretärin. »Ich habe mir freigenommen«, sagt er, »die soll sich an ihre Sprechzeiten halten! Außerdem bin ich doch ›herrschende Klasse‹, wie das bei Ihnen heißt, und bitte um entsprechende Behandlung.« Er schiebt die Sekretärin energisch beiseite und öffnet die Tür. Die Direktorin sitzt am Schreibtisch. »Ich hatte gesagt, ich wollte nicht gestört werden!«

»Ich werde Sie nicht lange aufhalten«, sagt Gutsmann, »ich wollte Ihnen nur mitteilen, dass meine Töchter nicht zu Ihrem Feindbild- oder Schießunterricht gehen. In unserer Familie war keiner in der ›HJ‹, damit fangen wir auch jetzt nicht an, damit Sie klar sehen. Sollten meine Töchter irgendwelchen Ärger deshalb bekommen, lernen Sie mich in voller Größe kennen.«

Die Töchter haben keinen Ärger bekommen. Bei der nächsten Elternversammlung wird er allerdings von der Klassenlehrerin gefragt, ob er einen besseren Glauben habe als ein Pastor. Der Pastor der Nachbargemeinde schicke seine Kinder nicht nur zur Jugendweihe, sondern selbstverständlich auch zum Wehrkundeunterricht.

»Jeder wird nach seiner Fasson selig!«, kommentiert Gutsmann und bleibt bei seiner Haltung.

Der Prorektor

Anfang Oktober bekomme ich einen Zettel zugestellt, dass ich mich am nächsten Vormittag »mit dem Sektionsdirektor zur Klärung eines Sachverhalts« beim Prorektor der Universität einzufinden habe. (»Sektionsdirektor« heißt im offiziellen Jargon der Dekan einer Fakultät.) Ich gehe sofort zu ihm und frage, warum er einen Termin beim Prorektor vereinbart, ohne mich persönlich zu informieren. Er habe den Termin nicht vereinbart, sagt der Dekan, er selbst sei enttäuscht gewesen, dass ich ihn nicht benachrichtigt habe.

Wir überlegen, aus welchem Grund man uns unabhängig voneinander kurzfristig einbestellt – ohne Rücksicht auf Lehrveranstaltungen. Der Dekan fragt nach politischen Aktionen meinerseits, mir fällt meine Eingabe an die Ministerin für Volksbildung, Margot Honecker, zum Wehrkundeunterricht und mein missglückter Besuch bei der Kirchenleitung ein. Beide Papiere bringe ich ihm noch am selben Tag. Am nächsten Tag gehen wir gemeinsam ins Hauptgebäude. Der Prorektor empfängt uns in einem kalten, überdimensionalen Zimmer. Er begrüßt den Dekan mit Handschlag, mich würdigt er keines Grußes.

Dann spricht er den »Herrn Kollegen« an:

»Ihr Student hat sich in unverschämter Form an das Ministerium für Volksbildung gewandt. Er hat die Friedensliebe der Werktätigen angezweifelt und den Einsatz der Organe für die Sicherung des Friedens infrage gestellt. Wir sind gezwungen, disziplinarische Konsequenzen zu ziehen. Wer mit der Sicherung der Errungenschaften der Werktätigen nicht einverstanden ist, kann auch nicht auf Kosten der Werktätigen studieren.«

Der Dekan fällt ihm ins Wort:

»Ich habe die Eingabe gelesen und kann sie weder als unverschämt noch als falsch empfinden. Auch ich kann für die Einführung des Wehrkundeunterrichts keinerlei Gründe erkennen. Sie werden sich erinnern, dass zu unserer Zeit in der Schule die Formel propagiert wurde: ›Nie wieder eine Waffe in die Hand eines Deutschen!‹ Kriegsspielzeug war verboten, an Feindbilder war nicht zu denken.

Niemand hätte sich damals einen solchen Unterricht vorstellen können. Ich wüsste auch jetzt keine Gründe. Ich hoffe, dass Sie uns die Entwicklung plausibel machen können. Im anderen Falle bitte ich Sie, sich dafür einzusetzen, dass man sich korrigiert. Ich stelle mich voll und ganz hinter die Eingabe meines Studenten.« Jetzt passiert etwas Seltsames.

Der Prorektor schweigt einen Augenblick lang. Dann sagt er: »Auch ich bin konfirmiert worden. Ich habe lange im Kirchenchor mitgesungen, sogar ein Solo von der Kanzel. Mir tut es leid, dass uns die aggressive Politik der BRD zu solchen Schritten zwingt.« Meine Eingabe sei ihm über den Rektor der Universität vom Ministerium für Volksbildung zugestellt worden. Mit dem ausdrücklichen Vermerk, er solle hart durchgreifen. Er werde das Ministerium über das Gespräch informieren und mitteilen, dass mir ein Verweis ausgesprochen worden sei, von weiteren disziplinarischen Maßnahmen jedoch abgesehen werde. Damit betrachte er seinerseits die Angelegenheit als erledigt. Ich solle das Zusammentreffen gleichzeitig als Antwort auf meine Eingabe betrachten.

Der Dekan macht darauf aufmerksam, dass eine Vorlesung habe ausfallen müssen, und bittet zukünftig um bessere Absprachen. Nachdem er sich vom Dekan verabschiedet hat, gibt der Prorektor sogar mir die Hand.

Themen von der Straße

Bettina Wegener soll in der Jakobi-Kirche singen. Die Studentengemeinde lädt dazu ein. Da die Sängerin bereits in allen staatlichen Kulturhäusern Auftrittsverbot hat, singt sie in Kirchen. Diese Konzerte werden »Werkstattgottesdienst« genannt. Das heißt, dass neben dem eigentlichen Auftritt auch noch andere Elemente vorkommen müssen. Der Studentenpfarrer hält eine Andacht, ich habe ein Kinderlied über Kriegsspielzeug geschrieben und werde es vortragen. Mein Problem ist, dass ich nicht nur nicht Gitarre spielen, sondern auch nicht dichten kann. Es kommt aber auf beides nicht an – es geht um die nackte Wahrheit, die irgendwie unter die Leute muss. Das schlichte Lied gefällt und ermutigt mich, weiterzumachen. Wirksamer als mit kleinen Texten aus dem sogenannten Leben kann keiner bestärkt werden, die Wirklichkeit an den eigenen Erfahrungen und nicht an der Jubelwelt der Bonzen zu messen. Ein begnadetes Kind, das nur irgendwie die Wahrheit stottert und dazu Gitarre spielt, reicht in einem von der Zensur verdorbenen Land jedem Orpheus das Wasser.

Ich mache weiter. Ich klaue, schreibe ab, dichte um und nach und habe bald ein kleines Programm, das ich in verqualmten Wohnzimmern vortrage. Die Themen liegen auf der Straße, denn jeder, der es gut meint, macht die gleichen schlechten Erfahrungen. Die schwächliche Gitarre wird bald von einer starken begleitet. Eberhard, ein Kommilitone, der sein Instrument mehr liebt als die Theologie, spielt zauberhafte Töne zu meinen drei

Harmonien. Das Wahrheiten-Reimen ist schnell gelernt. Bald machen wir uns mit einem ansehnlichen Repertoire durch das halbe Land.

Das letzte Mal singen wir auf einer der »Bluesmessen«, die der Berliner Pfarrer Rainer Eppelmann für Auftritte von missliebigen Dichtern vor Leuten, die endlich unzufrieden sind, erfunden hat. Vierzehn Tage nach diesem Auftritt werden meine Verlobte Christine und ich verhaftet. Eberhard beantragt kurz darauf wegen einer nicht bestandenen M/L-Prüfung seine Exmatrikulation. »Aus psychischen Gründen« steht in den Papieren.

Rote Woche

Jedes Jahr findet an der Universität die »Rote Woche« statt. Alle »Sektionen« sind verpflichtet, sich zu dieser Gelegenheit Beiträge aus den Fingern zu saugen.

In diesem Jahr ist unser Studienjahr dazu verdonnert, den Hauptbeitrag zu leisten.

Nach einem Seminar über den »Kirchenkampf im III. Reich« werden ein Kommilitone und ich als Referenten ausgewählt. Ich soll einen Vortrag unter dem Titel »Martin Niemöller, ein Lebensbild« halten. Ich habe nicht vor, meine langweilige Hausarbeit vorzulesen. Da an den Veranstaltungen Teilnahmepflicht besteht, werde ich sowohl die Professoren als auch den größten Teil der Theologiestudenten erreichen. Weil ich weiß, dass auch die M/L-Dozentin dabei sein und genaue Berichte über die Veranstaltung an die Stasi weitergeben wird, habe ich mir vorgenommen, alles auf eine Karte zu setzen. Ich arbeite eine Rede aus, die auf die aktuelle Diskussion über den Wehrkundeunterricht zielt. »Was würde Jesus dazu sagen?« Diese Frage Niemöllers, ein paar Zitate aus seiner Kasseler Rede gegen die Wiederbewaffnung und sein ständiges Engagement gegen die Teilung Deutschlands bieten genug Stoff. Der Vortrag ist gut besucht, zumal wir vorher noch unter den Medizinstudenten Reklame gemacht hatten.

Ich habe gute Karten, weil mein Vorredner eine einschläfernde Seminararbeit über die Konferenz in Treysa vorliest. Es kann nur besser werden. Die provokativen Niemöller-Zitate tun das Ihre. Sie sind so gewählt, dass sie die augenblickliche Situation zu beschreiben scheinen. Das Ende der Rede ist ein Appell, über den Wehrkundeunterricht nachzudenken und unter diesem Gesichtspunkt über den Gang zur Wahl am kommenden Wochenende zu entscheiden. »Wissen wir, was wir tun, wenn wir nichts tun?« ist der letzte Satz. Nach dem Vortrag werde ich von vielen angesprochen. Auch die meisten Professoren äußern sich zustimmend. Lediglich ein Dozent, Dr. H., kanzelt mich vor den Studenten ab: Mit solcher Provokation störe ich den »Frieden der Sektion« empfindlich. Er hätte eine wissenschaftliche Arbeit erwartet und keine Polemik gegen »unseren Staat« und die Wahl. Niemand hatte ihn gefragt.

Anders verhält sich der »E. und A.«, der Dezernent für »Erziehung, Aus- und Weiterbildung« (mit diesem Titel werden die Prodekane versehen). Er zeichnet für die Veranstaltung verantwortlich und bittet mich nach dem Vortrag in sein Zimmer.

»Ich möchte Ihnen für Ihren Vortrag danken«, sagt er. »Ich stehe inhaltlich in jeder Weise hinter Ihnen. Sie haben sich allerdings sehr weit vorgewagt. Der Form halber und um eventuellen Konsequenzen vorzubeugen, bin ich als Verantwortlicher gezwungen, Ihnen einen Verweis auszusprechen. Das ist hiermit geschehen. Betrachten Sie die Angelegenheit damit als erledigt.«

Später, nach unserer Verhaftung, musste der »E. und A.« meine Beurteilung schreiben. Er nahm auf die Rede Bezug. Er schrieb, sie sei eine Anregung und ein »wichtiger Beitrag gewesen und habe zur offenen Diskussion über aktuelle Fragen angeregt«. Meine innere Beteiligung und die kritische Stellungnahme zu tagespolitischen Themen halte er für »unerlässlich«.

Sektionsratssitzung

Regelmäßig findet eine Sektionsratssitzung statt. Der Lehrkörper löffelt Wassersuppe mit der Gabel. Eine entwürdigende Prozedur für Professoren und Studenten, an die man sich zwangsläufig gewöhnt hat. Jedes Studienjahr wird »behandelt«. Leistungen und »gesellschaftliche Disziplin« der Theologiestudenten stehen auf dem Plan. An der Sitzung nehmen Dozenten von der Sektion M/L teil, die geistigen und politischen Beherrscher der Universität. Die Studienjahrsleiter müssen über jeden ihrer Studenten Rechenschaft ablegen. Jedes leichtsinnige Wort ist für die Stasi eine wichtige Quelle. Ein ungeschriebenes Gesetz für diese Sitzungen besagt, nur Nichtssagendes auszusagen. Alle Informationen über die Studenten, die in irgendeiner Weise von der »anderen Fakultät« für die ständig zu ergänzenden »Persönlichkeitsprofile« ausgenutzt werden könnten, gelten als tabu. Niemand will der Stasi Anhaltspunkte für ihre ständigen Erpressungsversuche liefern. Die M/L-Leute hatten ja gelernt, zwischen den Zeilen zu lesen. In einer solchen Sitzung fiel Dr. H. durch besonderen Eifer auf. Er sagte, dass im Umgang mit dem Studenten S. besondere Achtsamkeit geboten sei. Er befinde sich zu Zeiten im Zug nach Berlin, in denen ein anständiger Student zu studieren pflege. Was er dort in solcher Regelmäßigkeit zu suchen habe, bliebe im Dunkeln. Genialer Streich: Die M/L-Leute verstanden den Judaskuss. Die anderen Professoren haben die Information zur Kenntnis genommen. Welche Gründe mochte es haben, dass der Student S., der in letzter Zeit wiederholt durch offene und öffentliche und bisweilen sehr unvorsichtige Bekundungen gegen den Wehrkundeunterricht aufgefallen war, bislang von niemandem gemaßregelt wurde? Bei einem Liedernachmittag hatte er eine Ballade über die Schuhe Lenins vorgetragen, die äußerst verwegen war. Die meisten Anwesenden hatten sich vor Lachen nicht halten können. Auch andere heilige Kühe hatte er so gewagt mit Spott bedacht, dass eine Exmatrikulation folgerichtig gewesen wäre. Aus welchen Quellen speiste sich sein Reisefieber ausgerechnet nach Berlin? Bestand die Möglichkeit, dass seine offensichtlichen Übertretungen nicht den Staat, sondern seine Gegner zu unbedachten Äußerungen provozieren sollten?

Cato

Während meiner Haftzeit gab es bei diesen Sitzungen einen peinlichen Höhepunkt. Am Ende erhob sich der Lektor für Alte Sprachen. Für die Ohren der M/L-Teilnehmer hatte er ein regelmäßiges Veto vorbereitet.

»Es gibt da noch einen Studenten dieser Sektion, über den hier nicht geredet wurde. Er ist von der Straße verschwunden, und trotz aller Anfragen haben wir noch nicht erfahren, was ihm eigentlich zur Last gelegt wird. Wir haben als ›Lehrkörper‹ das Recht zu erfahren, was in diesem Lande mit unseren Studenten geschieht.

Der Theologischen Fakultät stände es gut zu Gesicht, an dieser Stelle nicht zu schweigen.«

Es schwieg sich etwas ärgerlicher, nachdem er sich wieder gesetzt hatte.

Innen-
geschichten

Wie ein Hund von offener Straße

Ein Spätsommertag mit Frühnebel und milchiger Sonne, die Langeweile der Provinz und ein Streit um ein Frühstücksei. Das war der idyllische Rahmen für meine Verhaftung. Die träumerische Naivität, mit der ich mich in Sicherheit wähnte, habe ich rückblickend nie verstanden. Wenn man etwas ablegt beim Passieren der Grenze von Ost nach West, dann ist es diese Kraft zum Träumen. Vielleicht ist es ja das, was die anderen Heimat nennen.

Die Zeit war stehengeblieben bei den Fluchtbewegungen aus dem Freundeskreis, zuletzt die von Joseph, als Hauptmann von Köpenick über die Berliner Mauer. Er ging jetzt womöglich in West-Berlin den Ku'damm entlang, in den ersten Jeans, die wirklich passten, rauchte Camel und suchte sich die Schallplatten von Bob Dylan selber aus. Wir blieben – zwangsläufig und beharrlich: Mit »Intershop«-Whisky wie ehedem, Tabak und schwarzen Liedern. Wie es den Insassen eines Altersheimes gehen mag, so ging es uns schon Anfang zwanzig: Die Kameraden rundherum starben. Ohne die Perspektive des Wiedersehens verschwanden sie von einem Tag auf den anderen, ohne Abschied, ohne Umarmung, nur eine dumpfe Angst zurücklassend, wer denn der nächste sei: *»Ein Rest wird bleiben ...?«*

Waren wir der Rest – aus Heldenmut oder Angst? Oder aus beidem? Tine hatte heute zwei Stunden M/L. Das Frühstücksei war zu hart. Sie war schlecht gelaunt losgegangen, pünktlich fünf Minuten zu spät. Ich hatte mein Seminar in Praktischer Theologie erst nachmittags. Diese späten Religionsstunden waren weder praktisch noch theologisch, dafür aber Pflicht. Ich schlenderte durch die Straßen, genoss die Nebel vor der Morgensonne, machte mich auf den Weg ins Studienhaus. Ich ging die Bahnhofstraße hinauf, dachte an Joseph, der jetzt vielleicht den Alliierten seine Flucht schilderte – Kaffee dabei und nette,

Kaugummi kauende Amerikaner in Zivil, wohlriechender als die Stasi-Verhörer, aber mit den gleichen Fragen.

Ich ärgerte mich, dass ich nicht einmal Zigaretten hatte. Im Laden an der Ecke gab es ab Dienstag nur noch »Juwel 72«. Aus Bulgarentabak, der süßlich und nach Fisch schmeckte, noch schlimmer stank und wirklich nicht zu rauchen war.

Gegen Mittag kam ich zurück in die Mietsvilla, in der ich schwarz ein kleines Kämmerchen unter dem Dach bewohnte – immerhin mit fließendem Kaltwasser und einem Klosett für zwei Parteien. So was bekam man nur unter der Hand. Gemeldet war ich im Studienhaus, Zweibettzimmer.

Ich traf Karsten, der mich zum Seminar abholen wollte. »Die Stasi hat nach dir gefragt.«

Ich mochte diese Art schlechter Witze nicht besonders, auch wenn es sich bei solchen Sätzen eher um eine Liebenswürdigkeit handelte, eine Geste der Übereinstimmung. Solange die Stasi nach einem fragte, galt man noch nicht als tot, nicht als Spitzel.

»Die fragen jeden Morgen um sechs Uhr, ob ich auch wirklich gut geschlafen habe«, gab ich zurück.

»Im Ernst! Zwei Herren um die fünfzig haben sich bei Frau B. als ›Kommilitonen‹ ausgegeben. Frau B. hat ihnen geantwortet, dass sie die meisten deiner Kommilitonen kenne, allerdings alle mindestens zwanzig Jahre jünger. Sie wären daraufhin abgezogen.« Ich packte meine Sachen zusammen. Dann gingen wir zur Uni. Als wir an der katholischen Kirche um die Ecke bogen, machte mich Karsten auf einen beigefarbenen Wartburg aufmerksam: »Da sind sie wieder!«

Ein kleiner Dicker in Lederjacke und ein langer Dünner mit Glatze stiegen aus, wechselten die Straßenseite und verstellten uns den Weg. »Herr Storck?«, fragte der Lange.

»Ja.«

»Steigen Sie bitte in diesen Wagen.«

Der Dicke wies auf Karsten. »Sie gehen bitte sofort weiter!«

»Wo soll es denn hingehen?«, fragte ich. »Ich habe gerade ein Seminar und wäre Ihnen dankbar, wenn Sie sich an die Zeiten hielten.«

»Steigen Sie ein!«, zischte der Dünne. »Ein bisschen plötzlich!«, und hielt mir einen Ausweis unter die Nase, der aussah wie eine Monatskarte. Ein kleiner Grauer von der Sorte, deren Gesicht man sich beim besten Willen nicht merken kann, schraubte sich aus dem Wagen und versperrte mir den Weg.

Ich rief Karsten hinterher, er solle mich für heute vom Seminar abmelden. Ich wurde von dem kleinen Dicken auf den hinteren Mittelsitz verfrachtet. Der unrasierte Graue und der kleine Dicke setzten sich auch nach hinten.

»Die Tasche nehmen wir!«, sagte der Graue. Nach der Durchsuchung kam die Tasche auf den Vordersitz, während wir uns zu dritt im Fond quetschten. Der Dünne startete den Motor. Aus dem Funkgerät, das unter einem Handtuch im Handschuhfach lag, quäkte eine Stimme in breitem Sächsisch und wurde mitten im Satz abgeschaltet. »Wohin fahren Sie mich eigentlich?«, fragte ich.

»Zur Behörde!«, antworteten der Graue und der Dicke.

»Und warum, wenn ich fragen darf?« Keine Antwort.

»Ich habe Verpflichtungen an der Uni wahrzunehmen«, versuchte ich zaghaft. Keine Antwort.

»Hören Sie, man wird ja noch erfahren dürfen ...«

»Das erfahren Sie noch früh genug!«, meldete sich der Fahrer. »Hier herrscht Ruhe.«

Wir verließen Greifswald in Richtung Sonnenuntergang, als ich begriff, dass der Ausflug nicht mehr privat, sondern ernst war. Die Sonne sah auf einmal aus, als ob sie Mitleid hätte. Nicht mit mir, aber vielleicht mit den Typen, die mich bewachten. Der Graue und der Dicke rauchten eine HB nach der anderen, ich lehnte heldenhaft ab, als mir der Graue seine Packung unter die Nase hielt. Die Sonne sah meine patriotische Miene.

Ich musste mal. Der Wagen hielt im Halteverbot. Der eine der beiden Hinterbänkler packte mich am Arm, der andere suchte den passenden Baum aus.

»Na los, pinkeln Se schon!«, sagte der Dicke, eine Hand fest in der Hosentasche, die andere noch fester an meinem Arm. Der Graue linste mir über die Schulter. Der Baum zwischen Berlin und Neubrandenburg war der letzte für lange Zeit, den ich aus der Nähe sah. Wir näherten uns Berlin. Der Fernsehturm drohte der Sonne, die im Westen unterging. Pankow, meine Wohngegend (hoffentlich sieht mich keiner! dachte ich), Prenzlauer Berg, Mitte. Untersuchungsgefängnis Keibelstraße: Hintereingang. In einem düsteren Hof hielt der Wagen. Als die Schleuse sich hinter uns schloss, ahnte ich, dass ich in diesem Semester keine Seminare mehr besuchen würde. Die Fenster rundum erbrachen kaltes Neonlicht durch die Gitter. Ein Häftling, der gerade einen Mülleimer leerte, grinste vielsagend herüber. Für die Stasi war es das Ende einer Dienstfahrt. Für mich das Ende einer Welt. Sie schoben mich aus dem Auto und führten mich durch ein Labyrinth von Gittertüren im Untersuchungstrakt. Am Ende eines Ganges übergaben mich der Graue und der Dicke meinem Vernehmer, der mir einen Sitzplatz in einem Kabuff anwies. Ein fensterloser Raum, vielleicht zwei mal zwei Meter, ich hörte Schritte, Türenklappen, Stimmen. Ein Uniformierter öffnete nach einiger Zeit die Tür und führte mich in einen Büroraum. Hinter einer Schreibmaschine saß der Vernehmer und versuchte eine Art Lächeln.

»Nehmen Sie Platz«, sagte er und wies mir einen Stuhl in einiger Entfernung vom Schreibtisch an. Ich setzte mich. »Sie wollten die DDR verlassen!«

»Wer will das nicht mal.«

»Sie haben wohl nicht begriffen, wo Sie hier sind«, schnarrte der Vernehmer.

»Vor allem nicht, aus welchem Grunde!«

»Die Gründe erfahren Sie schon noch rechtzeitig. Also: Warum wollen Sie die DDR verlassen?«

»Wenn das der Grund ist, können Sie mich getrost wieder fortlassen. Ich habe weder die Absicht noch die Möglichkeit, dieses Land zu verlassen. «

»Wir wissen, dass Sie die DDR verlassen wollen.«

»Dann wissen Sie mehr als ich!«

»Wir haben viel Zeit, Ihr Wissen aufzufrischen, und Sie ab heute auch.«

»Heißt das, dass ich verhaftet bin?«

»Sie werden nachher dem Haftrichter vorgeführt.«

»Dann möchte ich vorher einen Anwalt sprechen.«

»Sie haben wohl zu viele amerikanische Krimis gesehen!«

»Dann sage ich nichts mehr.«

»Wir haben Zeit. Zigarette?«

»Von Ihnen nicht! Ich möchte bitte sofort meine Eltern anrufen!«

»Wissen Sie immer noch nicht, wo Sie hier sind?«

Ich schwieg und nahm mir vor, kein Wort mehr zu sagen.

»Kennen Sie die ehemaligen Bürger der DDR, F., K., H.?«

Ich schwieg, wusste aber nun, was die von mir wollten. Michael, Andreas und Christian hatten im Laufe des Jahres die DDR im Gepäckraum irgendeines westdeutschen Autos verlassen. Offensichtlich herrschte immer noch Unklarheit, wie das geschehen konnte.

»Sie scheinen die Wege zu kennen.«

»Dann säße ich ja wohl nicht vor Ihnen, sondern lieber vor einer Kaffeetasse am Ku'damm in Westberlin!«

»Wir sagen ja, dass Sie die DDR verlassen wollen!«

»Ich staune über Ihre Fähigkeit, Ihre Gedanken zu lesen, wo Sie wollen.«

»Sie haben zu den genannten Bürgern, die einer gefährlichen Fluchthelferbande angehören, weiterhin Kontakt?«

»Fluchthelferbande«! Eine lächerliche Bezeichnung für Leute wie Micha! Diese Wortwahl machte mir deutlich, dass ich hier nicht so schnell wieder herauskäme. Wurden meine Freunde auf diese Weise hochgespielt, war es leicht, aus mir einen »Agenten« zu machen. Ich schwieg.

»Sie werden schon noch singen!« Der Verhörer drückte auf eine Klingel.

Ich wurde wieder in das Kabuff geführt, stellte bei der Gelegenheit fest, dass es innen keine Klinke hatte.

Wie lange ich saß, weiß ich nicht. Es musste schon weit über Mitternacht sein. Durch die Wände hindurch hörte ich, wie irgendwo Menschen aufeinander einbrüllten. Das war hier der Ernst des Lebens. Gegen Morgen wurde das Kabuff aufgeschlossen. Zwei Soldaten in Grau führten mich schweigend einen langen Gang hinunter. Am Ende stand ein älterer missgelaunter Offizier, der meine Tasche in der Hand hielt.

»Schnürsenkel raus!«, sagte der Offizier.

»Warum?«, fragte ich.

»Damit Sie sich nicht aufhängen!«

Sehr ermutigend, dachte ich, wirklich ein längerer Aufenthalt. Nach dem Entfernen der Schnürsenkel bekam ich Handschellen angelegt. Ich wurde auf den Hof geführt, der bei Tage noch trostloser aussah. Dort stand ein Lieferwagen. Ich wurde etwas unsanft in ein Abteil befördert, das gerade zum Sitzen ausreichte. Die Klappe wurde verriegelt, ich saß im völligen Dunkel. Es gab mehrere dieser Kabinen in dem Kleinbus, ich hörte, wie noch jemand verladen und die Klappe verriegelt wurde.

Ob das Tine war? Der Verhörer hatte angedeutet, dass jeder hier verhaftet werden könnte. Ich hustete.

»Ruhe!«, brüllte ein Wachsoldat. Der Motor sprang an. Eine seltsame Fahrt durch Berlin im Dunkeln. Straßenbahnen quietschten, Autos fuhren an den Ampeln an, immer wieder Halt an Kreuzungen. Der Wagen hielt länger. Ein Tor quietschte auf Rollen, wieder Halt. Einzelne verhaltene Stimmen, der Motor wurde abgestellt, die Klappe geöffnet. Das Tageslicht blendete. Wieder ein grauer Gefängnishof, wilhelminische Neugotik. An der Rampe stand ein graugrün uniformierter älterer Leutnant. Ich wurde in einen Raum geführt. Hinter mir krachten die Riegel. Toilette, Gitterfenster, Eisentür, sonst nichts. Die Klappe in der Mitte der Tür ging auf. »Ausziehen!«

Ich zog mich aus, stand in Unterwäsche.

Wieder die Stimme durch die Klappe: »Unterwäsche und Strümpfe auch!«

Ich stand nackt. Es schloss. Meine abgelegten Kleidungsstücke wurden herausgeholt.

»Gesicht zum Fenster, Kniebeuge!«

Ich drehte mich, machte die Kniebeuge.

Wegen eines eventuellen Kassibers war diese Prozedur fester Bestandteil der herzlichen Aufnahme hier, wie ich später erfuhr. Die Tür wurde wieder verschlossen. Durch die Klappe schob eine Hand die neue Garderobe: lange Unterwäsche, Trainingsanzug, Knastsocken, Hausschuhe. Alles roch nach Mottenpulver. Ich zog mir das Zeug an und muss wohl außergewöhnlich dumm ausgesehen haben.

Die Klappe ging nochmals auf. »Ist irgendwas?«

Blitzschnell fiel mir eine ähnliche Situation ein.

»Ich brauche mein Neues Testament, das steckt in meiner Tasche!«, antwortete ich.

Jetzt sah der Kopf hinter der Luke ziemlich ratlos aus. Die Klappe schloss sich wieder.

Diesen »Dialog« hatte ich fast wörtlich in einem Buch über die Verhaftung Martin Niemöllers gefunden. Der Offizier war damals so verblüfft über die Antwort gewesen, dass er dem prominenten Gefangenen das verlangte Buch umgehend ausgehändigt hatte. Das klappte trotz mangelnder Prominenz prompt ein zweites Mal. Innerhalb weniger Stunden hatte ich eine (wenn auch nicht eigene) Bibel. Völlig regelwidrig, wie ich später erfuhr. In den ersten vierzehn Tagen bis drei Wochen gab es keine Bücher. Lediglich das »Neue Deutschland« wurde ausgehändigt, das dann verzweifelt drei- oder viermal am Tag durchgelesen wurde.

Die Zellentür wurde aufgeschlossen. Ich bekam eine Wanne, in die ich die ausgehändigte Bettwäsche zu legen hatte. Dann wurde ich über den Flur geführt und in eine Zelle gesperrt.

Tagtraum

Sterben ist gar nicht so schlimm, dachte ich, als sie mich in den Leichenwagen warfen. Ich sah noch, wie die Sonne sich rötete. Dann wurde alles grau. Dieses Zwielicht, das musste der Tod sein. Wenn Licht und Finsternis sich mischen. Hell und Dunkel ist ein Privileg für die Lebenden. Auch die Nacht hat ihre Zeichen, tröstete ich mich. Nach dem Durchfahren mehrerer Schleusen ging der Motor aus. Dass die Hölle einen Vorhof hat, ahnte ich, aber so einen! »Guten Tag!«, sagte ich einem der Schatten, der das Fegen des Hofes für unsere Ankunft unterbrach.

»Was ist gut, was ist Tag?«, fragte der Schatten monoton und schwang den Besen.

Einer, der aussah wie ein Polizist, nahm mir als Erstes meinen Namen ab und heftete ihn in einen Aktendeckel.

»Im Anfang war die Tat!«, sagte der Polizist und tippte es auf die Schreibmaschine. »Wir sind hier schließlich in der Hölle!« »Gesicht zur Wand!«, sagte einer, der nicht aussah, als hätte er jemals ein Gesicht gehabt. Die Wände hier schlucken sogar die Schatten, ging es mir durch den Kopf.

»Alles ausziehen!«, sagte der Schatten. »Als Erstes die Schnürsenkel!« Ich zog alles aus.

»Sachen abgeben!«, sagte der Schatten. Ich gab die Sachen ab. Die Toten sind nackt.

»Knie beugen!«, sagte der Schatten. Ich beugte die Knie. Die Toten sind ungerade.

»Achtundzwanzig links!«, las der Schatten die Inschrift über dem Eingang zur Gruft. Die Grüfte sind nummeriert für den Verkauf, denn die Toten sind unzählig.

Gräber haben keine Klinken. Zwei Riegel sind genug gegen die Auferstehung.

Die ersten Stunden in der Zelle

Die Tür bleibt zu. Der Spion zeigt von Zeit zu Zeit ein Auge. Das Klosett in der Ecke hat keinen Deckel und stinkt. Ein Fenster, aus Glasbausteinen gemauert, zerschneidet die Dämmerung in gleichmäßige Quadrate.

Ich habe einen ausgebeulten Trainingsanzug an, schwarz. Lange Unterwäsche, hellblaugrau, dunkelgraue Socken (ein Paar zum Wechseln), gelb karierte Filzlatschen. Dazu wurden mir ein hellgraues Nachthemd, Bett- und Kopfkissenbezug, blau kariert, ein weißes Laken, ein Plastikbecher, eine Zahnbürste, ein Plastikmesser (dessen gezahnte Kante abgeschliffen ist) und ein Blechlöffel ausgeliehen. In der Zelle finde ich zwei durchgelegene Matratzenteile, zwei Wolldecken und ein Keilkissen. Zum Verbrauch: eine Tube »Chlorodont«-Zahnpaste, ein Stück Kernseife.

Neben diesen beweglichen Gütern die festen: ein Klingelknopf (nur für den Notfall), ein Klosett, ein Waschbecken mit Kaltwasserhahn. Der Wasserhahn tropft. Zwei auffällig schmale Pritschen, an deren Unterseite sich ein Brett zum Ausklappen befindet. Tagsüber hochzustellen und an der Wand festzuschließen. Darüber ein Spind mit zwei Fächern. Wenn beide »Betten« heruntergeklappt sind, bleibt nur noch ein schmaler Durchgang zwischen Fenster und Tür. Unterhalb des Fensters eine schmale

Klappe, die in einen Luftschacht zwischen den doppelreihigen Glassteinen mündet. Einziges bewegliches Möbel: ein Holzhocker.

Sie haben mir den Namen weggenommen. 28 links heiße ich jetzt. Demnächst vielleicht 38 Mitte oder 41 rechts.

Schlüssel krachen. Schritte knallen auf dem Flur. Vielleicht dauert das ja nur ein paar öde Tage hier, vielleicht hat es bald ein Ende, vielleicht stellt sich heraus, dass alles ein Irrtum der Behörden war. Ob es noch andere erwischt hat aus Greifswald? Vielleicht A., der in seinem Keller ein Fotolabor hatte und dort Bücher Seite für Seite abfotografierte: Die »Alternative« von dem in Ungnade gefallenen Rudolf Bahro, »Die wunderbaren Jahre« von Reiner Kunze. Was ist mit Tine?! Sie werden doch nicht wirklich Tine eingesperrt haben? Überhaupt: Warum eigentlich? Weil die anderen geflüchtet sind, mit schwarzen Pässen oder mit Fluchthelfern über die Transitstrecke, einer nach dem anderen? Was hatten wir damit zu schaffen? Wegen der Rede zu den Studententagen über Martin Niemöller? *(Der Angeklagte hatte zitiert: Militärische Ausbildung sei die »… hohe Schule für Berufsverbrecher«, aus der »Kasseler Rede«. Und hatte die Bemerkung angefügt, dass das auf jedes Militär, auf jeden paramilitärischen Unterricht, auch auf den gerade eingeführten Wehrunterricht in den Schulen als Pflichtfach ab der achten Klasse anzuwenden sei. Am selben Abend hatten der Theologiestudent Eberhard L. und der Angeklagte den Frieden der Sektion gestört, indem sie Lieder vortrugen, die in einem späteren Verweis als »Biermanniaden« bezeichnet wurden.)*

Was auch immer: Dies war eine Zelle. Klinke außen. Die Vorrichtungen an der Tür erinnerten an einen Tresor.

Ein anderer Gedanke war sehr erleichternd: Die Arbeit im Neuen Testament über das »Comma Johanneum und seine Bedeutung für die Textkritik« konnte jedenfalls nicht mehr pünktlich abgeliefert werden. Der Termin wäre übermorgen gewesen, das bedeutete Aufschub. Ich ärgerte mich über so profane Nebenwirkungen der Zellentür, aber sie waren da. Man wird eben nicht als Märtyrer geboren. Die Klappe ging auf. Der »Effektenoffizier« gab mir meine Pfeife und Tabak herein: »Sie wollen doch auch rauchen?«

»Ja.«

»Ich kann Ihnen die Bibel erst später bringen, aber Sie haben das Recht, eine Zeitung zu bekommen.« Er schob mir das »Neue Deutschland« durch den Schlitz.

Nicht gegen den Strom

An diesem Morgen ist alles wie sonst. Ein Schlüsselbund dröhnt gegen die Türen der unteren Galerie, wird leiser, kommt näher: »Aufstehn!«, entfernt sich, wird oben wieder lauter. Nach dem Zähneputzen klappert der Wagen mit Blechschüsseln durch den Gang. Die Klappe knallt. »Rasieren!« Die Klinge ist festgeschraubt und so stumpf wie gestern. Die Schüssel: Ein paar Bartstoppeln am Rand grüßen freundlich vom Vorgänger. Der Pinsel verliert Haare. Das Wasser ist weder sauber noch warm. Die Seife riecht nach Bahnhofsklo. Irgendwas stimmt nicht. Nach dem Rasieren bitte ich um einen Spiegel. Ich glaube, mich geschnitten zu haben. Der Posten schiebt den Spiegel durch die Klappe.

Vergeblich suche ich mein Gesicht. Nach dem Rasieren habe ich es noch gewaschen.

Ich überlege, wann ich mein Gesicht das letzte Mal gesehen habe. Vorigen Herbst in einem der Havelseen. Das Wasser war ruhig, bis ich einen Stein in die Sonne warf, die über den See schwamm. Sie explodierte. Ein Steinwurf, der Kreise zog. Die Furchen habe ich behalten. Nun ist das Gesicht weg. Mitsamt dem Kainszeichen. Ich klopfe.

»Was gibt's?«, brüllt der Posten.

»Mein Gesicht schwimmt noch im Seifenwasser!«, sage ich durch die geschlossene Tür.

»Schon ausgeleert!«, tönt es vom Gang.

Eigentlich habe ich es in letzter Zeit sowieso nur zum Rasieren gebraucht. Hoffentlich bleibt es nicht irgendwo im Fallrohr hängen. Hoffentlich geht's nicht irgendeinen Bach runter. Hoffentlich nicht wieder gegen den Strom! Wenn's gut geht, ist es morgen in der Spree. Weidendammer Brücke, dann Reichstagsufer. Mit guter Strömung heute Abend noch im Westen.

Der Posten macht die Klappe auf: »Spiegel her!«

»Der Spiegel ist nur blind«, sagt er. »Sie haben Ihre Visage noch auf!«

Wieder eine Hoffnung zerflossen, denke ich.

Verrat

Doch siehe, die Hand meines Verräters ist mit mir über dem Tische. (Lukas 22)

Ich spür, wie schwer sich's zweifelt. Will Vertrauen
Zu dem, der jetzt mit mir sein Brot eintaucht.
Das Grau der Zelle ist sein Grauen.
Wie meins. Und Wärme braucht der auch!

Sein Blick ist offen. Nicht zu pfänden.
Nein! Ihre Blüten machen ihn nicht scharf,
Seit er mit breiten Armen vor den Wänden
Wie ich ein Kreuz mit seinem Schatten warf.

Er marktet mich nicht an die Hunde,
Sein Moos wächst nicht auf ihrem Stein.

Ihr Kuss klebt nicht auf seinem Munde,
Noch machen wir aus Wasser Wein.

Er ist wie ich. Ich will die Stunden
An ihn gefesselt gegen Mauern schrein.

Die Tage ersaufen im Einerlei. Nur noch Blechnapf, Neues Deutschland, Verhör, Saubermachen, Blechnapf, Betten beziehen, Freistunde, Blechnapf, Licht aus, Licht an, Licht aus, keine Uhr, kein Tag, keine Nacht. Alles hat zu viel Zeit.

Dann plötzlich schließt es an der Tür, herein kommt ein 19-Jähriger mit Kindergesicht, im ausgebeulten Trainingsanzug, Filzlatschen, die übliche Plastikwanne mit Wäsche, Besteck und »Privatsachen« unter dem Arm. So sehe ich also auch aus jetzt. Dem geht's wie mir. Endlich einer, mit dem ich mein Nichts teilen kann.

Der erste Mensch zwischen den Toten. Andere kenne ich bisher nur durch Klopfsignale, Husten und die abendlichen Rufe aus dem Fenster.

Wieder reden, das Brot und die Hoffnung teilen, Träume tauschen und Erinnerungen. Endlich alles sagen, endlich fragen, endlich antworten. Schluss mit den bohrenden Selbstgesprächen Tag für Tag. Zwischen seinen Habseligkeiten finden sich Zigaretten. Die erste geht bis in die Zehen.

Er ist aus Westberlin. Er hat versucht, einem Verwandten bei der Flucht zu helfen, hatte seinen Ausweis samt Gesicht verborgt und war ertappt worden.

Bald sind wir sehr vertraut. Ich kenne seine Vorlieben, seine Schwächen, seinen Geruch, seine Gewohnheiten und seine offenen Wunden. Was er über den Westen erzählt, ist mir beängstigend fremd. Er beschreibt Szenen, Farben, Leben und Tod mit anderen Begriffen, vieles unerklärlich, vieles abgeklärt.

Er hat Monate hinter sich und Jahre vor sich. Verhör um

Verhör. Er verstrickt sich in Widersprüchen, taktiert erfolglos, alle Täuschungen werden zur Enttäuschung. Ihm geht's wie mir.

Wie eine zarte Pflanze wächst Vertrauen zwischen diesen Mauern. Wir trösten uns und lassen uns trösten. Wir baden in Illusionen und stauben die Sehnsucht ab. Wir stehen zusammen unter der kalten Dusche, löffeln die gleiche Suppe, spielen wie verrückt »Mensch, ärgere dich nicht«.

Wir lesen uns gegenseitig in den Innereien.

Nach jedem Verhör teilen wir uns Fragen, Antworten und Manöver mit. Bald kennt er meine Freunde, mein Herz und mein leeres Sparkassenbuch.

Wenn in mir Zweifel hochkochen, weil ich weiß, dass sie Spitzel unter den Gefangenen machen, kämpfe ich sie nieder. Das Misstrauen als steten Gast am Tische, das hätte niemand wochenlang auf den drei mal vier Metern ausgehalten. Nein, ich wehre mich, will es nicht wahrhaben.

Eines Tages wird er plötzlich verlegt. Und der Vernehmer liest mir meine Seele aus den Protokollen meines Zellennachbarn.

Bibel

Der Umgang mit Büchern im Knast könnte selbst ein Buch füllen. Einmal in der Woche wurde ein Bücherkarren über die Gänge geschoben. Wahllos waren in braunes Packpapier gehüllte Bücher darauf gestapelt. Die Klappe an der Zellentür wurde aufgerissen. Je zwei Bücher im Austausch waren den Gefangenen zugestanden. Der Läufer schob acht bis zehn Bücher durch das Loch, dann wurde die Klappe wieder geschlossen. Ein paar Minuten Zeit blieben, um auszuwählen. Die Bücher bestanden zu achtzig Prozent aus den dickleibigen Klischee-Romanen des »sozialistischen Realismus«. Fachliteratur war verboten, Lyrik gab es nicht. Bekam ich ausnahmsweise einen Klassiker, hütete ich diese Beute wie den eigenen Augapfel.

Beim Lesen gab es böse Überraschungen. Fast alle Bücher waren zensiert. Mit dickem Filzstift waren oft ganze Absätze gestrichen. Wo dies zu mühsam erschien, waren ganze Passagen aus den Büchern herausgeschnitten.

Die Ursache fand sich in dem Mitteilungseifer der Häftlinge. Da jedes Schreibgerät unzugänglich war, wurde eine wichtige Stelle mit dem Fingernagel unterstrichen. Auf so gekennzeichnete Sätze wurden die Bücher dann Woche für Woche streng untersucht. Jede Fingernagelspur wurde von der Zensur getilgt.

Rätselhaft blieb, was es bei solchen Hofliteraten wie Becher, Hermann Kant oder Dieter Noll noch herauszustreichen gab. Besonders ärgerlich wurde es, wenn ein Klassiker von der Schere heimgesucht worden war. In Goethes »Faust« fehlten bezeichnenderweise ganze Seiten. Welche Angst mussten diese Leute haben, die dafür einen ganzen Stab unter der Schere hielten! Das einzige Buch, dem diese Kuren erspart blieben, war seltsamerweise die Bibel.

Sie blieb vollständig. Wenn sie während der Freistunde aus der Zelle zur Kontrolle entnommen worden war, wurde ich sofort darüber informiert. Nach jeder Untersuchung bekam ich sie wieder. Sorgfältig waren gelöste Seiten oder ein Riss mit dem sonst so raren Tesafilm repariert.

Selbst die Lesezeichen, die ich mir in Ermangelung anderen Materials aus Klopapier fertigte, lagen noch drin. Ein besonderes Ritual war die Rückgabe: Die Bibel wurde niemals durch die Klappe geschoben. Für dieses Buch wurde eigens die Tür geöffnet. Man bekam sie persönlich ausgehändigt. Ich habe mich immer gefragt, welche Gründe oder Ängste hinter dem fast magischen Umgang gesteckt haben mögen. Dass der Glaube Berge versetzt, mag ja sein. Dass die Bibel aber Offizieren der Stasi derartigen Respekt einflößte, schien mir das größere Wunder.

Gotteskampf

Und Jakob hieß die Stätte Pniel; denn ich habe Gott von Angesicht gesehen, und meine Seele ist genesen. Und als er über Pniel hinaus war, ging ihm die Sonne auf.
(1. Mose 32)

Geschachert hat er vorher: Eine handfeste Portion von Linsen gegen einen Segen. Ein Königreich für eine Portion vom richtigen Teller, mit richtigem Löffel, vom richtigen Tisch, ohne Klosett daneben, ohne den Gestank. Dann hat er einen Engel gesehen.

Nun hinkt er der aufgehenden Sonne entgegen. Jakob! Gezeichnet vom Kampf mit Gott und den Menschen. Sieger mit seltsamer Beute: einen neuen Namen, ein neues Leben, einen Segen im Gepäck. Der Preis: Ein Hinkender von Gottes Gnaden.

Schritt für Schritt durch das kurze Menschenleben nimmt er seinen Weg in die Morgenröte. Vorbei an denen, die uns hier die Sonne nicht gönnen. Glasbausteine vor den Fenstern. Scheiben nur für sozialistische Persönlichkeiten. Für die anderen Neon.

Ich habe keinen Namen mehr. Achtundzwanzig links läuft in ausgetretenen Filzpantoffeln.

»Heebn Se de Beene, wennse uffm Flur sin! Gesicht zur Wand.« Ich? Wer bin ich hier?

Die Flügel der Morgenröte zerbrechen an diesen Steinen, jeden Morgen neu. Ich zerbreche an dem, was gestern war. Ich weiß nicht, was noch stimmt. Ich breche mir den Hals, wenn der Vernehmer weiter seine Schlingen legt.

»Treten Sie näher, Achtundzwanzig links. Hier dürfen Sie reden. Wir halten länger aus als Ihr lächerliches Schweigen. Wir haben Zeit, nicht Sie!«

Was redet der mir da oben in den Bauch? Was ist Wahrheit? Ja, was ist schon eine Wahrheit, die neun Monate alt ist? Ich glaube mir keine dieser alt gewordenen Hoffnungen. Ich glaube mir kein einziges dieser unerhörten Gebete. Und all die Sprüche haben Bärte bekommen: »Die Gedanken sind frei« klingt wie: »Arbeit macht frei.«

»Ich lasse dich nicht, du segnest mich denn!« Ich ramme mir den Schädel, möchte mein Hirn mitsamt den marternden Gedanken zerschmettern! Wenigstens diese immergleichen Träume!

Ich träume inzwischen schwarz-weiß.

Kein Engel am Fluss, der mit mir kämpft. Peeping Tom am Spion: »Links, raus aus der Ecke!« Gegen das Engelgesicht siegt die nackte, geschlossene Tür. Nicht mal einen toten Winkel lässt einem das Froschauge!

Nicht hinausdenken! Schmerzgrenze!

»Ich lasse dich nicht, du segnest mich denn!« Segen! Was ist das hier? Eine Türklinke wäre schon ein Segen! Einmal auf- und zumachen, einmal wie ein Mensch. Gegen solchen Segen sprechen ihre Bajonette, ihre Elektrozäune, ihre Knüppel. Dreh dich nicht um. Hinter dir verbrannte Zeit: Ruinen, Lüge, Verrat und Abhauen. Jakob sagt: *»Ich habe Gott gesehen.«*

Wenn ich wenigstens einen einzigen Menschen sehen könnte! Was machst du jetzt, Tine? Bist du über mir oder unter mir? Wie siehst du jetzt aus? Wie heißt du für diese Schweine? Glotzen die Kerle bei euch auch? Wenn du schläfst, wenn du aufs Klo gehst? Wenigstens Frau und Besitz hat Jakob in die andere Welt geschafft, ehe er sich mit Gott anlegte.

Ich habe es aufgegeben, mich mit diesen Knechten anzulegen. Quislinge mit Schlüsseln. Immer überlegen. Fressen zum Eindreschen. Jeden Abend gesicherter Ausgang nach Hause. Gott ist nach dem Kampf um Jakob wieder im Himmel. Der Bischof ist nach dem Kampf um den Pass auf Urlaub in Genf. Ich bin nach dem Kampf ums Paradies in der Hölle.

Bäume beim Zahnarzt

Denn ein Baum hat Hoffnung, auch wenn er abgehauen ist; er kann wieder ausschlagen, und seine Schösslinge bleiben nicht aus.

Ob seine Wurzel in der Erde alt wird und sein Stumpf im Boden erstirbt, so grünt er doch wieder vom Geruch des Wassers und treibt Zweige wie eine junge Pflanze. Stirbt aber ein Mann, so ist er dahin; kommt ein Mensch um – wo ist er?

Wie Wasser ausläuft aus dem See, und wie ein Strom versiegt und vertrocknet, so ist ein Mensch, wenn er sich niederlegt, er wird nicht wieder aufstehen; er wird nicht aufwachen, solange der Himmel bleibt, noch von seinem Schlaf erweckt werden.

Ach dass du mich im Totenreich verwahren und verbergen wolltest, bis dein Zorn sich legt, und mir ein Ziel setzen und dann an mich denken wolltest! Meinst du, ein toter Mensch wird wieder leben? Alle Tage meines Dienstes wollte ich harren, bis meine Ablösung kommt.

Du würdest rufen und ich dir antworten; es würde dich verlangen nach dem Werk deiner Hände. Dann würdest du meine Schritte zählen, aber hättest doch nicht acht auf meine Sünden. (Hiob, Kapitel 14)

Ich war beim Zahnarzt. Seit einer Woche hatte ich mich gemeldet. Keine Reaktion. Erst als ich dem Vernehmer mitteile, ich könnte keine Aussage mehr machen – vor Schmerzen –, werde ich geholt. Der Zahnarzt, ein sensibel wirkender grauhaariger Mann mit einem offenen Menschengesicht, vielleicht fünfzig Jahre alt, bittet mich, Platz zu nehmen. Er ist sehr freundlich. Er sagt nicht viel mehr als: »Setzen Sie sich. Wenn es weh tut, heben Sie die Hand. Den Mund so weit wie möglich aufmachen!« Aber er sagt es anders. Ich vergesse einen Augenblick lang, dass sie mir den Namen und die Kleidung genommen haben und fühle mich als Mensch. Der Stuhl ist gegenüber dem Fenster. Ein richtiges Fenster, nicht mit Glasbausteinen vermauert. Ich sehe herrlich rosarote Blüten, in üppigem grünem Blattwerk unter blauem Himmel. Die Wolkenschiffe treiben langsam den Himmel vor sich her. Mein Gott, ich hatte vergessen, dass Bäume blühen. Durch das geöffnete Fenster dringen Stimmen von Menschen, Kinderstimmen ganz nah.

Ich versuche, mich zu erinnern, vor allem zu speichern für das Schattendasein in der Zelle. »Was sind das für Blüten da draußen, Herr Doktor?«

»Es sind Kastanien.«

Die Füllung ist schnell, viel zu schnell gemacht. Der Läufer führt mich die Eisentreppe runter.

»Hände auf den Rücken!« Ich muss aufpassen, dass ich mit meinen Filzpantoffeln nicht ausrutsche. Ich bin ganz benommen: Bäume, Blüten, Menschen.

Die Tür knallt ins Schloss, der Schlüssel saust mit dem ohrenbetäubenden Lärm herum. Glasbausteine. Wieder tot. Ich zähle die Schritte. Acht hin, acht zurück, acht hin, acht zurück, Glassteine, Tür, Glassteine, Tür, Glassteine. Die Klappe vor dem Spion schiebt sich beiseite – lautlos ein wasserblaues Auge. Acht hin, acht zurück.

Der schleichende Sieg der Vergesslichkeit über das Leben. »Meinst du, ein toter Mensch wird wieder leben?« Dies hier ist kein Leben mehr. Reduktion. Die Luft reicht nicht zum Atmen, der Hocker nicht zum Anlehnen, das kalte Wasser nicht zum Waschen. Rasieren aus der Blechschüssel. Die Vorstellung, dass du aus der gleichen Schüssel nachher die Graupen isst.

Man wird hier nicht sauber. Der Geruch des Wassers – ich habe ihn vergessen. Hier riecht es nach Blut, Schweiß und Tränen. Im Totenreich verborgen: Aber ich träume noch. Nacht für

Nacht, bis die Neongespenster die nächtlichen Farben zerfetzen. Lichtwurf. Heute alle halbe Stunde. Immer wieder diese übereifrigen Knechte, die ihr Auge in den Spion schieben.

Der einzige Ort, an dem sie mein Gesicht nicht sehen, ist das Klosett. Es steht im toten Winkel. Wenn ich den Kopf zurückziehe, sehen sie mich nicht.

Tines Rezept

Ich habe die Zuckerschüssel ausgeleert. Auf ein Zellstofftuch, mit Wasser aufgeweicht, habe ich einen Zitronenkern gelegt. Jeden Tag sorge ich für Feuchtigkeit in der Schale, die auf der Heizung steht. Nach einigen Tagen keimt der Kern, bald wird ein kleiner Spross sichtbar. Der Spross teilt sich in zwei kleine Blätter. Ein grünes Bäumchen mit winzigen blanken Blättern, Leben. Eines Tages nach der Freistunde ist die Schüssel weg.

Aus hygienischen Gründen, wie man mir sagt. Als der Frühling kommt, besitze ich ihn nicht. Um mich ist Winter geblieben, eiskalter Frost. Jahreszeiten gehen nur bis ans Fenster. Während draußen alles blüht, hauche ich die Glasbausteine an, drücke meine Lippen auf das kalte Glas, wische den Kuss herunter. Wieder und wieder.

Der Frühling! Sein »blaues Band« erweicht die Steine nicht, die mich bewachen. Tauwetter, Tropfenmacher, sanfter Zerstörer, sonnige Hoffnung! Diese Eiswüste bleibt vergessen.

Kein Vogel verirrt sich an mein Fenster, Monate keine Blüte hier, kein welkes Herbstlaub. Nur Beton.

Die hinter dem versteinerten Fenster zerbrochene Frühlingssonne leckt mir die Eisblumen nicht aus dem Gesicht.

Das tote Grün der Uniformen darf bleiben.

Kontakte

Wieder das Lied im Schlüsselloch. »Freistunde!«

Raustreten, Gesicht zur Wand, Hände auf den Rücken, Treppen runter, die Eisenstufen vibrieren. Sonst kein Laut. An jeder Ecke der Galerien ein Wächter. Wenn die rote Birne aufleuchtet, stehen bleiben, Gesicht zur Wand. Weiter, raus. Ab in einen der betonierten Käfige. Wie viel Beton brauche ich, um zu begreifen, was feuchte, warme Erde ist? Wie viel Zeit brauche ich, um mich nach diesem Hundezwinger zu sehnen, um zu erfassen, was fünfzehn Minuten frische Luft bedeuten? Über mir die Stiefel der Wächter auf der Brücke, über den Wächtern die Maschine der PANAM, die gleich zur Landung in Tegel ansetzt. Jetzt fliegt sie über meine Schule, mein Elternhaus, dann über die Mauer.

Die Wächter bleiben. Was stecken da für Milchgesichter in Uniformen? Wo kommen die her, wo wollen die hin? Was denken die, wenn sie denken? Tag für Tag in dieses stinkende Loch gehen, Mauern, Zäune, Stacheldraht, auch für sie. Aber mit Schlüssel. An eine der Mauern hier hat einer geschrieben: 149 Tage schon. Ich weigere mich, die Tage zu zählen. Ich singe, deklamiere. Ich schlucke die Sterne vom Mittagshimmel. Ein paar lasse ich für Tine.

Ich huste. Hinter welchem der Fenster sitzt sie? Vielleicht hört sie mich. Husten ist verboten. Die Frauen husten auch immer, wenn sie Freistunde haben. Frauenhusten ist kostbarer als Mozart. Manchmal, wenn ich Schritte höre, ein zaghaftes Räuspern, vorbei an der Zellentür, denke ich, dass es Tine ist.

Über das Husten hinaus gibt es abends noch das »Radio«. Wenn die Wachablösung stattfindet, sind die Flure schlecht besetzt. Dann beginnt das Rufen aus den Fenstern. Da die Häuser wie die Seiten eines Quadrates angeordnet sind, gehen alle Zellenfenster zum Hof hinaus. Die Fenster sind vermauert. Glasbausteine sind in zwei Reihen voreinander gesetzt. In der Mitte befindet sich ein Schacht. Die äußere Glaswand hat oben einen Luftschlitz, die innere unten. Das Fenster befindet sich im oberen Drittel der Wand. Ich muss auf einen Hocker steigen, um es zu erreichen.

»Radio« ist verboten. Jeder Ruf wird dem Vernehmer gemeldet. Ich antworte Tine auf ihr »Gute Nacht«. Ich lausche, ob ich Schritte höre. Wenn die Luft rein ist, steige ich auf den Hocker und brülle nach Leibeskräften. Die Schritte auf dem Flur eilen, die Spione klappern. Wird man erwischt, wird der Hocker entzogen. Manche tauschen Informationen aus: »Christian, hör auf zu ›singen‹!« »Wo ist Vogel?« »Im Westen.« »Es lebe Bakunin!« Wieder die Gute-Nacht-Küsse: »Schlaf schön, mein Schatz, halte durch!« »Du auch!« Jeden Abend das.

Dann ab in die Kartoffelkiste, das Gute-Nacht-Märchen. Es war einmal eine heile Welt. Und so schnell habe ich sie verlassen, ohne Zeit für den Abschied. Ich atmete gegen den Wind, bis die Lunge zu reißen drohte. Der Kuss der Freiheit hinterließ einen Hauch auf meiner Stirn, ein Kainsmal.

Hinter den Mauern, hinter den sieben Bergen, hinter den sieben Schergen beginnt das Leben.

Das Tal der träumenden Unschuld, die neue heile Welt. Der Anfang von hinten.

Wahrheit, wie wandelst du dich hier! Was gestern »Ja, Ja« war, ist heute »Nein, Nein« und morgen vergessen!

Das Volk, das im Finstern wandelt, sieht ein großes Neongespenst: »Lichtwurf« bei jedem Rundgang. Er durchreißt alle Träume. Bei den eifrigen Nachtwächtern viertelstündlich.

Schritte, Schritte, Schritte. Werden sie lauter, halten sie? Es schließt. Das Auge im Spion. Die Riegel fahren zurück, die Tür fliegt auf. »Links!«

Ich folge dem Läufer. Es geht nach unten. Ich werde in eine Wartezelle gesperrt.

Nach kurzer Zeit schließt es. Ein Wächter postiert sich im Rahmen, der andere kommt auf mich zu:

»Taschen umdrehen, Schuhe aus, Hosen runter, Hosen hoch!« Nach genauer Kontrolle und Abtasten werde ich in einen Raum geführt, der zivil aussehen soll.

Ein riesiger Schreibtisch, vorgezogene Gardinen. Die Sonne drückt die Gitterstäbe durch. Der Schließer entfernt sich nach der Vorführung. Die Tür wird geschlossen.

Am Schreibtisch sitzt ein Unbekannter im giftgrünen Anzug. Eine teure Krawatte und ein Siegelring lenken von dem sonst eher ungepflegten Anblick des grau melierten Herrn ab. Erst als der Schließer den Raum verlassen hat, neigt er sich über den Schreibtisch. Sein Lächeln lässt schlechte Zähne zum Vorschein kommen und erinnert bei aller versuchten Freundlichkeit an das Fletschen eines Pferdes. Eine seltsame Situation: Das erste Mal bin ich mit einem Menschen ohne Schließer in einem Raum. Welch ein Affentheater! Jeder weiß, dass der »Anwalt« zum Apparat gehört. Sein Chef ist ein hochdekorierter Vertrauter Honeckers.

»Guten Tag. Hartmann«, sagt er und reicht mir die Hand über den Schreibtisch, »ich bin Ihr Anwalt und soll Sie von Ihren Eltern grüßen. Wie geht es Ihnen?«

»Die Frage erübrigt sich wohl!«

»Dass das hier kein Erholungsheim ist«, sagt Hartmann, als sage er es jeden Tag zwanzigmal, »wissen wir selber. Aber wenn Sie Beschwerden haben – wir sind für Sie da.«

Hartmann setzt sich wieder. (Sein Kugelschreiber, mit dem er jetzt spielt, hat eine Digitaluhr, was mich beeindruckt.) »Ihre Eltern haben die Anwaltskanzlei Dr. Wolfgang Vogel, zu der ich gehöre, beauftragt, Sie zu vertreten.«

Das also ist der Adjutant des Menschengroßhändlers Vogel. Er muss jetzt vielleicht die Silberlinge festlegen, für die unser Menschenfleisch verschachert wird. Sein Honorar zweigt er davon ab, wie wir später erfahren werden.

»Sie kommen aber sehr zeitig! Ich sitze schon fast drei Monate hier!«, falle ich ihm ins Wort.

»Das tut nichts zur Sache. Wir dürfen hier über Ihren Fall gar nicht sprechen, ehe die Untersuchungen abgeschlossen sind.«

»Und welchen Sinn hat dann Ihr Besuch?«

»Es gehört zu meinen Aufgaben, meine Mandanten zu besuchen.« Seine »Aufgabe« nennt er es also, den Anschein geregelter Gerichtsbarkeit vorzutäuschen.

Er muss die Gefangenen aufsuchen wie ein richtiger Anwalt. Bei diesen Vorführungen darf er nur über das Wetter reden. Da das Desinteresse auf beiden Seiten offensichtlich ist, lässt er es bleiben.

»Ihren Eltern geht es gut. Vielleicht gibt es bald einen ›Sprecher‹. Ihre Verlobte werde ich gleich noch treffen, soll ich ihr einen Gruß ausrichten?«

Ich bejahe mechanisch.

Ich frage: »Wie lange werden wir hier bleiben?«

»Bis zum Prozess. Dann kommen Sie in eine der Strafvollzugseinrichtungen.«

»Und wann ist der Prozess?«

»Das hängt vom Stand der Vernehmungen ab.«

Der Kerl wird zunehmend widerlich. Da nichts zu reden ist, sehe ich mich im Raum um. In einem riesigen, sonst vollkommen leeren Bücherregal stützen zwei kitschige Löwen fünf gelbe leinengebundene Bücher in einem Schuber ab.

Ich erkenne die Buchrücken sofort. Es ist die kleine fünfbändige Albert-Schweitzer-Ausgabe aus dem Union-Verlag. Wer hat die wohl hierher verbannt?

»Diese Bücher da«, sage ich zu dem Anwalt, »könnten Sie nicht dafür sorgen, dass ich sie in die Zelle bekomme? Die Bibliothek hier ist sehr schlecht. Wenn es mir schon nicht erlaubt ist, von draußen Bücher zu bestellen …«

»Was bilden Sie sich ein?«, sagt er ärgerlich. »Diese Bücher sind Dekoration der Haftanstalt. Ich kann mich dafür unmöglich einsetzen, dass Sie sie bekommen.«

Ich muss zugeben, dass der Raum mit den roten Gardinen ohne die gelben Bücher für einen Anwalt rein farblich eine Zumutung wäre. Er versichert nochmals, dass es meinen Eltern ausgesprochen gut ginge und dass er sich freue, mich kennengelernt zu haben. Dann drückt er den Klingelknopf. Der Läufer kommt, ich werde abgeführt. Wieder das »Hosen runter!« in der Wartezelle. In der Zelle überlege ich, wie ich dennoch an die Bücher kommen könnte. Es muss einen Weg geben!

Am nächsten Tag lasse ich mich zum Haftanstaltsleiter melden. Ein paar Tage später werde ich vorgeführt.

Das Zimmer ist kärglich eingerichtet. Bände Lenins in einem Regal, ein Radio, die überdimensionierte Kopie einer Rötelzeichnung. Sie zeigt Felix Djerschinsky. Der Gründer der Geheimpolizei Russlands lächelt verbissen.

Der Haftanstaltsleiter ist einer von denen, deren Gesicht man sofort wieder vergisst, wenn man sich abwendet.

Er versinkt fast hinter seinem riesigen Schreibtisch. Nach einer Pause fragt er mich etwas barsch nach dem Grund meiner Meldung. »Ich wollte mich bei Ihnen bedanken!«, sage ich. Der Anstaltsleiter ist sichtlich erstaunt, beinahe betroffen. So was hatte offensichtlich noch niemand gesagt. »Wofür?«

»Dass ich schon am ersten Tag eine Bibel bekommen habe.«

»Wieso bei mir?«

»Das sagt doch etwas über den ›Führungsstil‹ in einem Gefängnis aus!«

Spätestens durch dieses Wort fühlt er sich geschmeichelt. »Also: Warum haben Sie sich nun melden lassen?«, wiederholt er seine Frage beinahe wohlwollend.

»Ich habe im Zimmer des Anwalts ein paar Bücher des großen Humanisten Albert Schweitzer gesehen. Der Anwalt meinte, er hätte nichts dagegen, dass ich sie bekäme, aber vielleicht Sie. Ich kann mir nicht vorstellen, dass es im Sinne des humanistischen Grundanliegens dieses Staates wäre, das Werk eines bedeutenden Humanisten als Dekoration in einem Untersuchungsgefängnis verkümmern zu lassen«, hofiere ich weiter.

»Gut, ich werde anweisen, dass Sie die Bücher bekommen«, sagt er nach einer längeren Pause.

Er klingelt. Ich werde abgeholt.

So einfach hatte ich mir das nicht vorgestellt. Er hat tatsächlich veranlasst, dass ich die Bücher bekam.

Ein paar Tage später wurden die fünf Bände durch die Klappe geschoben. Mit dem ausdrücklichen Vermerk, dass ich sie – wie die Bibel – bei jedem Zellenwechsel mitführen dürfte. Sie waren noch ungelesen.

Was waren das für reiche Stunden! Wie faszinierten mich diese lebendigen Aufzeichnungen: der Band über Paulus, die autobiographischen Berichte des Pfarrersohnes. Dazu siebenhundert Seiten »Geschichte der Leben-Jesu-Forschung«! Die Philosophie der indischen Denker, die Reden über Goethe, die Geschichte der abendländischen Ethik und die »Ehrfurcht vor dem Leben«.

Wie wohltuend unterschied sich allein die Sprache von der der meisten neueren Theologen. Keine Geschwätzigkeit, sondern klare, tiefe Worte. Außerdem hat Schweitzer immer besondere Sorgfalt auf die Anlage der Register verwandt, sodass ich die theologischen Bücher als ausgezeichneten Kommentar zur Bibel gebrauchen konnte. Fachliteratur war ausdrücklich verboten. Glücklicherweise trägt der Urwalddoktor seine Titel nicht vor sich her. So blieb es verborgen, dass ich die Werke eines berühmten Straßburger Theologieprofessors auf der Zelle hatte. Ohne diese Bücher wäre es mir bei der lieblos geführten Knastbibliothek armselig ergangen. Diese treuen Begleiter haben mein theologisches Denken stark geprägt. Der Gedanke der »Ehrfurcht vor dem Leben« ist einer der tiefsten, die im christlichen Abendland je formuliert wurden. Kein ethischer Entwurf ist mit solcher Leidenschaft geschrieben.

(Die Erklärung, wie die Bücher hierhergekommen sein konnten, findet sich in einer Erinnerung aus meiner Buchhändlerzeit. Eines Tages sah ich, wie zwei Offiziere in der Uniform mit den rosa unterlegten Kragenspiegeln, also deutlich als Stasi erkenntlich, das »Internationale Buch« betraten. Noch auffälliger als die Uniform war der riesige Wäschekorb, an dem sich beide festhielten. Sie fragten nichts, gingen lustlos und eilig an den Regalen entlang und stopften wahllos Bücher in den Korb. An der Kasse verlangten sie das Zusenden der Bücher nebst Rechnung, ließen den Korb stehen und verschwanden. Weder Preis noch Titel spielten eine Rolle. Heute ahne ich, wofür in dieser Form eingekauft worden war. Mancher Missgriff dieser Herren könnte einem Gefangenen zu einem guten Buch verholfen haben.)

Du bereitest vor mir einen Tisch

Langsam, sehr langsam hatte ich mich an alles gewöhnt. Außer dem kleinen Spitzel, den sie mir gleich zu Anfang in die Zelle gesteckt hatten, dem Vernehmer und den trostlosen Gesichtern der Schließer hatte ich seit Monaten keinen Menschen gesehen. Eines Nachmittags wurde die Tür aufgeschlossen.

»Links!«, knurrte der Läufer. Ich ging los. Er führte mich in die untere Etage, also kein Verhör. Ich wurde in eine andere Zelle umgeschlossen. Durch die Klappe wurde meine Zivilkleidung geschoben. Sie war gereinigt worden, roch nach Desinfektionsmittel. Einen Augenblick lang hoffte ich auf eine Art Wunder: Wenn die mir schon Zivil geben, lassen sie mich vielleicht raus?

Aber es fehlte die Uhr und der Ehering, ein sicheres Zeichen für Bleiben.

Ich legte die Knastgarderobe ab, nahm das Päckchen in Empfang, zog mich schnell um. Die lange Wartezeit korrigierte mein würdiges Auf-und-Abgehen. Ich befühlte und betastete die Kleidung, den Stoff der Jeans, die Schuhe. Naturfarbenes Leder, noch fast neu. Ich roch und fühlte an ihnen. Schnürsenkel! Ich band gleich mehrere Schleifen: Entwöhnung macht wunderlich. Ich genoss die Farben des bunt karierten Hemdes: Wie lange schon hatte ich außer Grau und Grüngrau nichts gesehen?

Das war ich also: »Achtundzwanzig links« als Mensch verkleidet. Der Läufer brachte mich durch mehrere Schleusen. Noch wusste ich nicht, was mich erwartete. Ich kam in einen beinahe gemütlichen Raum. Durch vorgezogene Gardinen waren die Gitter nicht sichtbar. Ein Schreibtisch stand unter dem Fenster, direkt daneben ein Tisch mit zwei Stühlen. Am Schreibtisch saß der Vernehmer. Er tat freundlich. Die Tür ging auf, ein Wachposten kam herein, nahm Platz. Der Vernehmer kündigte den Besuch meines Vaters an, nicht ohne streng einzuschärfen, dass der »Sprecher« sofort abgebrochen würde, wenn der »Fall« oder die inneren Verhältnisse im Gefängnis zur Sprache kämen. Ebenso sei eine Umarmung verboten, wobei Begrüßung mit Handschlag ausdrücklich erlaubt werde.

Wie oft hatte ich durchgespielt und still zurechtgelegt, was ich alles sagen wollte, wie ich welche Botschaften verschlüsseln könnte. Nichts davon hielt dieser Situation stand. Der angekündigte Besucher war ja nicht nur mein Vater, er war auch qua Amt mein Seelsorger. Gerade in dieser Hinsicht hatte ich ihm manches sagen wollen, was mich in den letzten Wochen beschäftigt hatte. (So zum Beispiel hatte ich den letzten »Geistlichen« drei Tage nach der Verhaftung in seltsamer Umgebung gesehen: Mein Bischof schaute mich aus dem »Neuen Deutschland« von einer Ehrentribüne an. Neben Honecker und Stoph ließ er es sich gut gehen auf den Feierlichkeiten des 30. Jahrestages.) In der Zelle ging es uns an diesem Tag schlechter als sonst: Wir durften – wie an allen Sonn- und Feiertagen – nicht einmal zur Freistunde in den »Hundezwinger«.

Nichts davon passte hierher, alle gepaukten Wichtigkeiten für diese halbe Stunde zerstoben. Das, was mich tagelang beschäftigt hatte, zerfiel zur weltbewegenden Nichtigkeit.

Mein Vater kam! Gefolgt von einem Wächter trat er ein. Er war gefilzt und gedemütigt worden, wie es sich an der Pforte zur Hölle gehört, hatte alle möglichen Schleusen durchwandert, sich ein- und ausschließen lassen. Die graugrünen Trauergestalten, die ihn umrahmten und weder über Gesicht noch Farbe verfügten, verloren die letzte Spur von Ansehnlichkeit in diesem Kontrast, den ein Lebender unter all den Toten hier hervorrief. Vater versuchte, die Situation zu überspielen, indem er jedem eine Zigarette anbot. Als der Vernehmer eine nahm, trauten sich die Wächter auch.

Nun galt es, die kurze Zeit auszukaufen, möglichst viel in wenig Worten zu sagen, es musste ja für Wochen halten. Trotz aller Ermutigung, die er versuchte, konnte mein Vater nicht verbergen, wie sehr dieses Szenarium seine Vorstellung überstieg. Aber er hatte gut vorgesorgt. In der Nachbarschaft hatte er erfahren, dass es gegen manche Verbote so etwas wie ein Gewohnheitsrecht für diese Gelegenheiten gäbe. Auf Rat hatte er eine Thermoskanne mit Kaffee und ein paar Stück Kuchen mitgebracht. Der Vernehmer ließ es, wie erwartet, durchgehen, auch die Tafel Schokolade, die mein Vater aus der Tasche zog. Wir setzten uns. Vater breitete die Herrlichkeiten der freien Welt auf dem Tisch aus. Weil ich wusste, dass man dergleichen nicht mit auf die

Zelle nehmen durfte, aß ich die ganze Tafel Schokolade sofort auf – ohne freilich zu ahnen, welche Wirkung das auf meinen Besucher haben musste: Da ich durch den Gefängnisfraß ohnehin abgemagert war, musste er denken, es wäre über Brot und Wasser hinaus nicht für allzu viel gesorgt. Er fragte, ob ich genug zu lesen habe, zu essen ja wohl nicht.

Ein deutliches Wort des Vernehmers signalisierte Themenwechsel. Ich fragte nach der Gefängnisseelsorge. Ich wollte es nicht einsehen, dass ich als noch nicht verurteilter Gefangener im vollen Besitz meiner bürgerlichen Rechte schon monatelang keinerlei Möglichkeit hatte, einen Pfarrer zu sprechen. Außerdem, so hatte ich geschrieben, wüsste ich nicht, wie das in Zukunft hier weiterginge, und legte Wert darauf, das Abendmahl zu feiern.

Es war meinem Vater aber trotz aller Bemühungen ausdrücklich verboten worden, Brot und Wein, geschweige denn Abendmahlsgerät mitzubringen. Sein Hinweis auf Religionsfreiheit wurde mit der Bemerkung abgetan, ich wäre selber schuld, dass es so gekommen sei. Der um Rat befragte Bischof hüllte sich nach wie vor in Schweigen. Gegen Ende des »Sprechers« nahm mein Vater kurzerhand eines der Kuchenstücke, brach es in der Mitte durch, sprach über dem geteilten Kuchen die Einsetzungsworte und gab mir davon. Dann nahm er die Kaffeetasse, füllte sie und reichte sie mir. Danach sprachen wir ein Vaterunser und ließen uns durch den Läufer nicht stören, der die Tür aufriss, um mich abzuholen, und einen ratlosen Blick mit dem Vernehmer tauschte. Nach dem Segen, bei dem die beiden Bewacher nicht wussten, wo sie die Hände lassen sollten, verabschiedeten wir uns mit dem uns zugebilligten Handschlag. Der Vernehmer verbat sich allerdings für das nächste Mal solche »Handlungen«.

Das war gar nicht notwendig. In insgesamt vierzehn Monaten Haft wurde mir nur für einen einzigen Gottesdienst die Teilnahme genehmigt. »Du bereitest vor mir einen Tisch im Angesicht meiner Feinde.« So heißt es im 23. Psalm. Wer die Innenseite dieser Wahrheit so erlebt hat wie ich bei der wohl eindrücklichsten Abendmahlsfeier meines Lebens, wird begreifen, was alles auf den breiten Rändern der Evangelien geschrieben steht, ohne dass man dafür viel Worte braucht.

Briefe

Ein kleines Oktavheftchen liegt vor mir. Noch in Gießen, am Tag nach dem ersten Kuss, dem ersten Bier, dem ersten Kaffee, schrieb ich meine hölzernen Reime, die ich über vierzehn Monate im Kopf transportiert hatte, in dieses Heft. Ich las sie nie wieder – aus Angst, in den Sog der Höllen von damals zu geraten. Es waren Zeilen zum Überleben. Gedachte, keine Gedichte, aus rabenschwarzer Zuversicht und taghellem Entsetzen. Aus durchgebrachten Nächten und zerstörten Tagen. Ein Reck, an dem ich meine Klimmzüge machte. Eine eiserne Reserve für den Arrest, neben all den gepaukten Erinnerungen. Ich kann diese Zeilen heute nur mit einigem Befremden lesen. Sie erscheinen banal, mit ihren klappernden Bildern, ihrer gebrochenen Zunge.

Ebenso ergeht es mir mit den Briefen, die meine Eltern gesammelt haben. Aus Furcht vor zu starker Erinnerung an die Situation ihres Entstehens vergrub ich sie in der tiefsten Seelengruft. Ich ließ alles liegen. Nun, wo es den Staat nicht mehr gibt, aus dem ich – halb hinausgeworfen, halb geflohen – hier landete, habe ich alles wieder gelesen, manches zum ersten Mal.

Ich sehe mich im Zimmer des Vernehmers, habe den elenden Geruch der vielen Zigaretten in der Nase, vor mir der Blick aus dem Fenster in das Himmelsnichts. Im ausgebeulten Trainingsanzug und Filzschuhen sehe ich mich sitzen. Draußen zogen Sommer, Herbst und Winter vorbei – ich merkte nichts. Ein Häufchen Elend voller Ängste und Drogen am Tisch des Vernehmers. Ich bekam dreimal am Tag starke Beruhigungsmittel, lief auf dem Seelenfleisch. Woche um Woche. Monat um Monat. Sehr bald stellte sich das trostlose Gefühl ein, dass sowieso egal ist, was ich unterschreibe. Verhöre, Unterschriften, Änderungen. Oft aber auch die Hoffnung, wenigstens für die Zeit des Verhörs der Zelle zu entrinnen. Zehn Monate in diesem Loch!

Mittags, gegen Ende der immer gleichen Mühle, winkte dann die »Belohnung«.

Ich erinnere mich noch genau an das erste Mal:

»Sie haben jetzt noch Zeit, einen Brief zu schreiben. Machen Sie nicht so lange. Ich habe schließlich auch ein Recht, nach Hause zu gehen.« Der Vernehmer legt mir ein Blatt hin, einen Kugelschreiber. »Schreiben!«

Ich fange sofort an, reihe Buchstaben an Buchstaben. Seit Wochen das erste Papier, ein richtiger Stift! Der Vernehmer hackt auf seiner Schreibmaschine, liest, telefoniert, stellt Fragen. Zwischendurch teilt er mir die Auflagen mit: »Nichts über die inneren Verhältnisse im Knast. Nichts über den Tagesablauf. Keine verschlüsselten Botschaften. Keine Namen von Dritten. Keine Grüße an Dritte. Nicht mehr als eine Seite!« Ich schreibe mit der Zeit um die Wette. »Fertig werden!« Er nimmt mir den Brief ab, liest.

»Beim nächsten Brief schreiben Sie normal große Buchstaben! Und lassen Sie einen Rand!« Er stockt.

»Was soll das hier? Ich habe doch gesagt, keine Namen von Dritten! Wer ist Bonhoeffer?«

(Ich hatte zitiert: »Von guten Mächten wunderbar geborgen, erwarten wir getrost, was kommen mag …«)

»Zitate gehen auch nicht. Sie wollen doch, dass Ihre Eltern die Post erhalten!« Er liest weiter.

»Was wollen Sie denn damit sagen: ›Wo du hingehst, will ich auch hingehen, dein Volk ist auch mein Volk.‹?«

»Das ist aus dem Buch Ruth und ging mir gerade durch den Kopf.«

»Ihr Vater hat selbst eine Bibel, so was brauchen Sie nicht abzuschreiben! Bibelverse sind auch verboten!«

»Ich bin Untersuchungsgefangener. Ich habe ein Recht auf freie Religionsausübung!«

»Sie brauchen hier aber keine Predigten zu halten.«

Für die nächsten Briefe einige ich mich mit dem Vernehmer, dass ich jedem Brief ein Bibelzitat voranstellen darf.

Ich erinnere mich deutlich, wie wichtig es mir war, in den Briefen einen möglichst ermutigenden und lebensfrohen Eindruck zu hinterlassen. Meine Eltern sollten sich nicht noch zusätzliche Sorgen machen. Wie anders ist der Eindruck dieser Briefe jetzt! Beim Lesen bekomme ich noch nach zwölf Jahren Schweißausbrüche. Eine merkwürdige Diskrepanz tut sich auf. Was Ermutigung sein sollte, verkehrte sich auf dem Weg nach draußen in eine Art Höllenschilderung zwischen den eng beschriebenen Zeilen.

Haltbare Sehnsucht

Der Traum krepierte lautlos in den Kissen,
In nackter Nacht, schon vor dem Amselschrein.
Das gute Dunkel war noch unzerrissen,
Da fiel der Tag mit Schlüsselsingsang ein.

Kaltwasser, Graubrot, Meldung machen,
Hofgang im Zwinger. Maschendraht,
Karierte Wolken. Postenlachen,
Gesicht zur Wand! Schluss mit dem Sonnenbad.

Die müden Kreise weckten alte Ungeheuer.
Die tote Zeit erbrach aus jedem Spalt ihr Gift.
Doch beim Verhör umarmte mich ein neuer
Brief mit den Hoffnungsrunden Deiner Schrift.

Manchmal, wenn ich zum Verhör geschleift werde, ist der Stuhl noch warm von dir.

Dann sehe ich dich mit geschlossenen Augen. Wie du in irgendeiner Zelle jeden Abend nach Schlaf suchst, im gleichen beißenden Grau. Wie du zum Waschen nur kaltes Wasser hast. Wie der Fraß dir hochkommt, wenn dir beim Essen das Klosett entgegenstinkt. Wie der Posten sein Auge in den Spion hängt, wenn du dich ausziehst. Wie du vielleicht soeben in einem Käfig deine Runden gedreht hast. Wie die Häscher dich, Hände auf dem Rücken und Gesicht zur Wand, vor sich her über die Flure treiben, auf zwei Meter an mir vorbei, nur die Eisenriegel dazwischen.

Längst hätte ich die Spuren aus den Gesichtern der Freunde verloren: Den verzweifelten Glauben, dass es auch über diesen Höllen einen Fetzen Himmel gibt. Die erschütternde Gewissheit, dass es hier außer Bütteln, Kriechern und getöteten Seelen noch lebendige Menschen gibt. Die dunkle Zuversicht, dass sich mitten in schmutzigen Verhören, angedrehten Lügen und zersetzenden Verleumdungen unsere kostbare Wahrheit hält.

Neben den verbluteten Träumen, müden Bildern und lächerlichen Illusionen noch Auferstehungshoffnung.

Manchmal, wenn ich ins Verhör geschleift werde, ist der Stuhl noch warm von dir. Ich hielte das nicht aus.

Wären da nicht deine Briefe: unbekümmert und voll haltbarer Sehnsucht.

Ein Briefwechsel zwischen den Zellen

Zwischen dem Lesen eines Briefes und der Möglichkeit zu antworten, lagen oft Tage, manchmal eine Woche. Der Druck, unter dem so ein Brief geschrieben werden musste – das Blatt wurde nach einer gewissen Zeit abgenommen –, ist deutlich zu spüren.

Uns trieb die Frage um, ob wir in den Westen gehen oder blei-
ben sollten.

All das durfte nicht direkt angesprochen werden. Auch während
des Sprechers wurde es nur umschrieben. Heute wissen wir, dass
die Frage zu diesem Zeitpunkt längst entschieden war. Wir hatten
gar keine Wahl.

21.2.80

Meine liebe Christine,
vorige Woche las ich Deinen Brief, und ich bin so froh, wie natürlich Du schreiben kannst. Deine Gedanken bringen Dich so
aufs Papier, dass ich das Gefühl habe, Du sitzt mir selbst gegenüber. Ich freue mich über Deine Fröhlichkeit und Deinen
Lebensmut, Dein Ja ...

Ich war so froh, Dich gesund zu sehen beim Sprecher. Ich halte dieses Bild fest, auch wenn schon wieder Wochen dazwischen
liegen. Beim Lesen schweife ich oft ab, und in jeden Satz musst
Du mit rein, so wie Du vor mir gesessen hast. Ich rede oft mit
Dir.

Hörst Du die Nachtigall singen, jeden Abend? Erinnerst Du
Dich an das Lied von dem Vogel, »der den Mond warm singt bei
Nacht«? Nun singt er uns beide zueinander, ein liebend buntes
Lied.

Ach Tine, ich bin glücklich: Mein Vater war da, und es war
ein schönes und reiches Gespräch. Nicht so traurig wie das erste, nachdenklich und manchmal sogar fröhlich. Er fragte mich
nach meinen Vorstellungen für die Zukunft, und ich war gezwungen, mich in aller Kürze und spontan dazu zu äußern. Ich
musste merken, wie schwer mir das fiel, weil an vielen Stellen
nach diesem Einbruch noch Klarheit und Konturen fehlen. Du
hast geschrieben: »Jetzt haben andere entschieden.« Nein, Tine,
das ist zu einfach. Hast Du überlegt, welchen Preis Du zahlen
wirst? Denk nach, ich sage nicht mehr. Ich will Dich nicht beein-

flussen. Aber bis wir sprechen können, musst Du noch mal alles in Frage stellen.

Ich habe meinem Vater nur so viel sagen können: Ohne Dich ist das eine ebenso unvorstellbar wie das andere. Ich habe fest auf Dich gebaut und weiß, dass das jedenfalls nicht auf Sand ist.

Was Verluste betrifft, so sind die in jedem Fall für einen von uns ungleich härter als für den anderen.

Sonst war Vater sehr fröhlich und erzählte viel von zu Hause. Dass es allen gut geht und sie gesund sind.

Mir geht's gut, Tine, ich habe die fünf gelben Bände Albert Schweitzer (die unten beim Anwalt standen) bekommen und lese und kann gar nicht wieder aufhören. Hätte ich's eher gelesen, wären an der Uni in Greifswald die Fetzen geflogen! So tief und gut, so lebendig und einfach und sauber argumentiert! Was ist Dr. Hi. dagegen für ein erbärmlicher Zwerg! Ich hätte ihm so gern noch seine moralistischen Wassersuppen übers Haupt gegossen!

Ich bin bei Dir und danke Dir und hoffe Dich stark und gesund. Ich habe Dich sehr lieb. Du bleibst der Gedanke meines Lebens. Ich umarme Dich und halte mich an Dir fest!

Dein Matthias

7.3.80

Mein lieber Matthias,
danke für Deinen Brief. Natürlich höre ich sie und freue mich unendlich.

Für mich ist das alles hier keine verlorene Zeit. Ich habe in diesen Monaten so viel gelernt! Ich weiß, was ich will! Diese Zeit hier wird uns nicht voneinander entfernen, im Gegenteil. Das weiß ich sicher. Glaube mir, ich habe mir alles genau überlegt. Ich wäge ständig das »Für« und »Wider« ab und bin mir über den Preis bewusst. Es wird schwer, aber es muss sein. Für mich ist das Wichtigste, zu wissen, dass Du für mich da bist. Daraus schöpfe ich die Kraft, die wir benötigen werden für die harte Zeit danach.

Unsere Pflänzchen sind schon 3-10 cm hoch. Und welche Überraschung: Der Apfelkern blüht. Auch mit dem Zitronenkern haben wir es in der Zelle auf der Heizung geschafft. Schön in Zellstoff verpackt. Bis jetzt hat man sie uns noch nicht rausgenommen, obwohl sie schon gesehen wurden. So haben wir etwas Grün. »Auch wenn morgen die Welt unterginge, würde ich heute noch einen Apfelbaum pflanzen.« Wie schreibst Du so schön: »Eine Verheißung: Wir werden blühen!« Ja, Matthias, und immer kräftiger werden, weil wir uns gegenseitig tragen!

Ich lese gerade Tucholsky »Drei Minuten Gehör«. Und Goethe. Mit dem Mädchen auf meiner Zelle werde ich einige Gedichte lernen und dabei immer denken, dass Du dieses oder jenes Gedicht vielleicht auch gerade gelernt hast.

Ich mache jetzt viel Sport. Zu zweit macht es mehr Spaß. In der Zelle, in der ich jetzt bin, ist auch mehr Platz. Und sogar Krocket spielen wir! Dafür legen wir mit Halmasteinen unsere Namen auf den Boden, und mit einem Mühlestein, der mit einem Streichholz angetrieben wird, geht es durch die »Tore«. Das ist sehr lustig. Vorige Woche hatte ich vier Tage lang eine dicke Backe. Von zu Hause habe ich Post. Allen geht es gut, und ich soll Dich ganz lieb grüßen. Elisabeth hat mir ein Bild gemalt, wo ich drauf bin. Mit vier Armen und Riesenohren.

Ganz toll. Schade, dass man die Post nicht mit in die Zelle bekommt. Halte Dich an Deinen Albert Schweitzer. Schöpfe aus ihm. Ich freue mich, wie gut er Dir tut, denn in den Sätzen über ihn bist Du ganz Du und nicht mehr so traurig.

Hab keine Angst, so sehr verändere ich mich nicht hier. Aber ich glaube, dass ich kein Morgenmuffel mehr bin. Ich umarme und drücke Dich ganz innig. Sei ganz lieb geküsst von

Deiner Tine

Fluchthilfe

Mit mir ist ein Familienvater eingesperrt. Er erzählt mir seine Geschichte.

Zusammen mit seiner Frau hatte er beschlossen, die DDR zu verlassen. Die Kontakte zu einer westdeutschen Fluchthilfeorganisation waren sehr schnell herzustellen. Er hatte Verwandte im Westen, die auch den entsprechenden Vorschuss für die Flucht bezahlen konnten. Mehrmals traf er sich in Berlin mit einem »Kurier« der Organisation, der ihm die Information über Zeitpunkt, Ort und andere technische Voraussetzungen der Flucht gab. Als die Anzahlung von fünfzigtausend Westmark beglichen war, starten Vater, Mutter und Sohn zu der Fahrt, die für die Eltern im Gefängnis enden wird. Sie fahren auf einen festgelegten Parkplatz, lassen den Wagen zurück und besteigen den erwarteten Mercedes mit Diplomatenkennzeichen. An einem weiteren, sehr unübersichtlichen Parkplatz wechseln sie in den Kofferraum des Fahrzeugs. Die Fahrt auf der Transitstrecke bis zur Grenze dauert ein Leben lang, will es scheinen. Dann Bremsen. Der Motor wird abgestellt. Die Pulse donnern gegen die Schläfen. Mit dem Halten scheint die Zeit stehengeblieben zu sein. Schreckliche ewige Angstminuten. Dann Stimmen. Einfahrt in einen Raum. Wieder Stimmen. Hundegebell. Über das Auto laufen Bluthunde. Stimmengewirr, Geschrei. Der Gepäckraum des Wagens wird aufgerissen. Im blendenden Scheinwerferlicht drohen Mündungen von Maschinenpistolen: »Liegen bleiben! Nicht rühren! Bei der kleinsten Bewegung wird geschossen!« Eine Kamera klickt Beweisfotos runter. »Aussteigen, Hände hoch! Gesicht zur Wand!« Wieder durchzittern sie Ewigkeiten, nun mit hochgerissenen Armen. Vater und Mutter, Meter dazwischen und das weinende Kind. »Hier herrscht Ruhe!« Hinten das Entsichern der Maschinenpistolen, dann wieder Fotoklicken. »Das Kind nach links rüber!« Der Junge weint. Die Mutter beginnt zu schreien. »Frau nach rechts abführen!« Die Zeit tropft. Von den vorher sieben bewaffneten Grenzsoldaten sind nur noch fünf im Raum. Zwei beschäftigen sich nebenan mit dem Fahrer. Die Frau bekommt Handschellen. Das Kind muss zusehen.

Nachdem Frau und Kind fort sind, bleibt er noch unzählige Minuten an der Wand stehen. Als er sich endlich umdrehen darf, sieht er in eisige, unbewegte Postengesichter.

Bei einem Blick auf den Wagen stellte er fest, dass dieser während der Fahrt offensichtlich das Nummernschild gewendet hat. Das Diplomatenzeichen ist verschwunden. Es handelt sich jetzt um eine normale Westberliner Fahrzeugnummer. Als der Fahrer in Handschellen an ihm vorbeigeführt wird, weicht er seinem Blick aus.

Es folgt die Fahrt in einem geschlossenen Wagen, vorher von irgendwoher noch das Rufen und Weinen seiner Frau, die einen Nervenzusammenbruch erlitten hat. Fragen nach Frau und Kind werden von der Sicherheitspolizei nicht beantwortet.

Nachher, bei der Gerichtsverhandlung, die ihm viereinhalb Jahre, seiner Frau dreieinhalb Jahre, dem Fluchthilfefahrer zwölf Jahre eingebracht hatte, erfuhr er die Hintergründe. Der Fahrer hatte ausgesagt, dass das Fluchthilfeunternehmen seine Wagen gegenüber den Flüchtenden als Diplomatenwagen tarne, um ihnen hundertprozentige Sicherheit vorzugaukeln und entsprechend höhere Summen zu kassieren. Das geschieht, indem man das Kennzeichen mittels einer Vorrichtung dreht, nachdem die Leute sich im Kofferraum befinden. Vor ihrem Ausstieg im Westen wird dann das Kennzeichen wieder in ein Diplomatenkennzeichen geändert. Die Flüchtlinge steigen in der Überzeugung aus dem Wagen, dass die Flucht geklappt habe, weil sie in einem Diplomatenwagen, der von den DDR-Behörden nicht ohne Zustimmung der Alliierten kontrolliert werden darf, stattfand. Damit wird dann der hohe Preis (100 000 DM für alle, Vater, Mutter, Kind) gerechtfertigt. Wenn die Flucht schiefgeht, hat der

Fluchthelfer mindestens die Anzahlung kassiert. Der Verlust des Wagens ist damit mehr als abgedeckt, die Bezahlung des Fahrers, sie sollte nach dessen eigenen Aussagen 2000 DM betragen, ist eingespart. Der Fahrer selbst ist ein Verlust, der geschäftlich nicht von Belang ist.

Freiheit eines Christenmenschen

Ich schlage das »Neue Deutschland« auf. Auf der ersten Seite redet der Bischof für den Ministerrat. Schon wieder! Einer, der sein Kreuz vorne trägt. Der Thüringer Landesbischof Werner Leich. Vor dem Ministerrat wählt er die Worte wohl: »Ein Christ ist ein dienstbarer Knecht und jedermann untertan.«

Das redet sich so gut vor den Arbeiter- und Bauernfürsten. Jedes Wort hat sein Gewissen. Jedes Gewissen hat seinen Marktwert. Nur der Blick ins »Neue Deutschland« ist umsonst. Alles hat seinen Preis: Die Glasbausteine und der Blick aus einem Fenster zum Himmel, der geöffnete Spion und eine Nacht ohne Lichtgespenster. Schritte auf dem Flur und Fußspuren im Sand. Ein Essen im Blechnapf und Süßkirschen frisch vom Baum. Die knallenden Riegel und eine Türklinke, Neonlicht und eine schattige Laube.

Geschundene Knie auf Betonböden und die Kissen der Macht. Eine Rede *über* die Freiheit eines Christenmenschen und die Freiheit eines Christenmenschen. Ein Konto bei Gott und eins bei der Welt. Schade um Arnos, den geprügelten Hund. Schade um den verschrammten Jeremia in der Zisterne. Schade um die prophetischen Jahre. Die Oberherren reden freundlich.

Der Bischof singt sein Freiheitslied vor dem Ministerrat. Keine Wittenbergisch Nachtigall. Seine Worte sind gesetzt. Seine Zweifel sind begründet. Diesen Gerechten ist alles mundgerecht. Sie haben »ein feste Burg«. Sie haben den Burgfrieden. Sie singen den eigenen Untergang. Der »Fürst dieser Welt« tafelt in der Frühe. »Und wenn die Welt voll Teufel wär ...«

»Groß Macht und viel List sein grausam Rüstung ist ...« Das Wort ward »sanftlebig Fleisch« im »Neuen Deutschland«. »Ein Christenmensch ist ein freier Herr aller Dinge und niemandem untertan.«

»Das Wort Sie müssen lassen stahn«, Herr Landesbischof.

Er stößt die Gewaltigen vom Thron

Der 24. Dezember ist rein äußerlich ein besonderer Tag: Die Stasi-Wächter haben Zivilerlaubnis. Außerdem scheint die ganze Belegschaft eine Kleiderprämie erhalten zu haben. Durch die Klappe werden an allen Beinen nagelneue Jeans, Marke »Levis«, sichtbar. Indigo-Blue gegen grau-grünes Drillich. Das Mittagessen enttäuscht. Die Freistunde fällt zur Feier des Tages aus. Von der nahegelegenen katholischen Kirche klingen die Glocken zur Christvesper herüber. Sonst tut sich bis zum Abendbrot nichts. Dann geht die Klappe auf. Auf dem Kartoffelsalat in der Blechschüssel klebt eine Bockwurst. Eine Tüte zum Nachtisch: eine Apfelsine, zwei Pfefferkuchen. Die Pfefferkuchen sind knochenhart. Ich stelle mich mit dem Hocker ans Fenster.

»Er stürzt die Gewaltigen vom Thron und erhebt die Niedrigen!«, schreie ich hinaus.

»Runter vom Hocker!«, brüllt es durch die Klappe. Als der Posten fort ist, schreie ich – wider den Augenschein – das »Magnificat« noch einmal.

Als die Glocken zur zweiten Christvesper läuten, ruft es aus allen Fenstern: »Frohe Weihnacht!«

Bahro

Der Vernehmer begrüßt mich ausgesprochen freundlich. Er hält mir eine Zigarette hin und ist über die Maßen gut gelaunt. Im Plauderton fängt er das Verhör an. »Was wissen Sie über Bahro?«

»Nichts!«

»Nun mal nicht so bockig«, sagt er, während er die Antwort auf seiner Schreibmaschine nachklappert. »Welches seiner Bücher haben Sie gelesen?«

»Keins!«

Er wird nachdrücklich:

»Und warum schleppen Sie haufenweise Fotopapier von Berlin nach Greifswald?«

»Fotopapier?«, frage ich, um Zeit zu gewinnen.

Seine Verknüpfung von Fotopapier und Bahro wirft mich aus dem gewohnten Gleis. Sind die mir überall nachgekrochen? Diese Einkäufe habe ich immer mit anderen Besorgungen verbunden. Ich ahne dunkel, worauf er hinauswill, und gegen alle finstere Ahnungslosigkeit geht mir ein Licht auf, dass sie mehr wissen, als wir uns träumen ließen.

Der »Raubdruck« des wichtigsten Bahro-Buches war kurz vor meiner Verhaftung fertig geworden.

Der Theologiestudent A. hatte sich im Studienhaus eine kleine Dunkelkammer eingerichtet. Wichtige verbotene Bücher fotografierte er Seite für Seite ab. Das spezielle Fotopapier dafür musste in Berlin besorgt werden. Die Bücher waren am Ende mehr als doppelt so dick wie das Original, bestens lesbar und schlugen der Zensur empfindliche Löcher.

Um der Stasi nicht gleich auf die Sprünge zu helfen, wurde das wertvolle Stück mit einem falschen Titelblatt versehen. Die ersten Seiten und der Schluss eines anderen, harmloseren Buches ummantelten den gefährlichen Stoff. Die Enttarnung sollte erst auf den zweiten Blick möglich sein. Von der gerade im Westen erschienenen »Alternative« des Regimekritikers Rudolph Bahro hatte A. in mühseliger Nachtarbeit sieben Exemplare hergestellt und an »sichere« Leute verteilt. Glücklicherweise war ich bei meiner Verhaftung nicht im Besitz eines solchen Buches. Die Haussuchung wäre das Ende des subversiven Fotolabors gewesen.

Trotzdem dumm, so unvorbereitet mit dieser Frage konfrontiert zu werden.

»Und was ist das? Haben Sie das Papier auch besorgt?« Der Vernehmer schiebt mir ein Exemplar über den Tisch. »Wir sind nicht so blöd, wie wir aussehen! Nach sieben Seiten Adorno geht's munter mit Bahro weiter!«, sagt er überlegen und sieht mich erwartungsvoll an.

Ich versuche, meine Überraschung mit einem schwächlichen Gegenangriff zu kaschieren. »Ihre Leute selbst haben in Greifswald das Gerücht ausgestreut, ich wäre ein Zuträger der Stasi. Gegen einen solchen Verdacht war jeder machtlos. Sie werden verstehen, dass ich, einmal mit dem Judasstempel versehen, keinesfalls in ein solches Geheimnis eingeweiht worden wäre. Ich kenne das Buch nicht.«

»Sie haben aber an einem Lesekreis teilgenommen, in dem ›5 Tage im Juni‹ von Heym vorgelesen wurde«, sagt er triumphierend.

»Stefan Heym war nicht verboten.«

»Das Buch ist aber nicht in der DDR erschienen!«

»Neunzig Prozent der theologischen Bücher, die ich für mein Studium benötige, sind nicht in der DDR erschienen«, antworte ich.

»Was sagen Sie zu dem Buch von Heym?«

»Schlechter Stil!«, antworte ich aufrichtig, was ihn ebenso aufrichtig freut.

Die Schreibmaschine klappert fröhlich nach.

Als ich wieder in der Zelle bin, schrecke ich bei jedem Wagen, der durch das Tor fährt, auf.

Haben sie A.? Haben sie die Quittung für das Fotopapier gefunden?

A. wäre ein dicker Fisch in ihren Netzen. Mit seiner Festnahme könnte es glücken, auf einen Schlag Ruhe in Greifswald zu schaffen. Wenn sie ihn nicht haben, wen dann? Sieben Exemplare! Wo ist die undichte Stelle?

Später erfahre ich, dass sie keinen aus unserem Kreis gepackt haben. Woher sie das Buch hatten, bleibt nach der Maueröffnung ein noch offeneres Geheimnis.

Die Bekennende Kirche sagt die Wahrheit

Der Vernehmer legt mir eine Liste auf den Tisch. »Wir haben eine Haussuchung bei Ihnen durchführen lassen. Einige Dinge sind beschlagnahmt worden. Sie müssen unterschreiben, dass Ihnen die Gegenstände vorgelegt wurden.«

»Und was geschieht dann?«

»Sie werden vernichtet, sofern sie nicht als Beweismaterial dienen.« Er schließt einen Blechschrank auf und legt mir alte Bekannte vor: Diverse handschriftliche Zettel. Vorlesungsmitschriften, nichtssagend. Exzerpte, Skizzen, kaum verräterisch. Eine Rede über Martin Luther King – ungehalten. Genug Stoff für die Hausexegeten.

Seltsamste Beute: ein Bild von Daidalos und Ikarus, selbst gemalt. Der Gedanke, dass die beiden beflügelten Häftlinge nun auch dem Knast nicht entgangen sind, ist amüsant.

Ikarus müsste ihnen doch eigentlich gefallen, weil er sich bei seinem gewagten Fluchtversuch zu Tode stürzt. Immerhin hat man die gängige Busmarke nach dem ungehorsamen Knaben benannt. Vielleicht eine mahnende Metapher: Lerne, mit allen vieren auf der Erde zu bleiben. So kannst du niemals abstürzen. Wahrscheinlich verdirbt der Alte den erzieherischen Wert der ganzen Geschichte, weil er einsam im Paradies ankommt? Ich stürze mich in die Farben. Sekundenschnelle Erholung von all dem toten Grau, das mich umgibt, die schlechten Krawatten des Vernehmers ausgenommen. Zwei Männer mit schillernden Flügeln, der Sonne entgegen unter freiem Himmel. Ich ersaufe in Pastelltönen. Gemischte Farben, gemischte Träume, wechselnde Landschaft, wie dilettantisch auch immer. Die Überwindung der Traumgrenze. Fortfliegen. Stoff zum Überleben.

»Sie sollen nicht meditieren, sondern hinter jedem Posten der Liste unterschreiben!«, unterbricht der Unternehmer meine klammheimliche Freude.

Ein Plakat: »Steinzeit für die Dritte Welt«.

Teller mit Zwiebelmuster, festlich am Rand ein Silberbesteck, kalte Mahlzeit: Steine, Steine, zu grau zum Fressen. Wann sah ich zum letzten Mal Messer und Gabel?

Grund genug für den Reißwolf: Diese Wahrheit wurde in Westberlin gedruckt.

Der beste Fang: ein Buch über den Kirchenkampf. »Die Bekennende Kirche sagt Hitler die Wahrheit.« Schon vor vierzig Jahren illegal aus der Schweiz eingeführt.

Ich werde immer fröhlicher bei dieser erzwungenen Wiedersehensfeier. Die Greifswalder Freunde müssen in weiser Voraussicht mein Zimmer für die Haussuchung aufgeräumt haben. Dies ist der überstürzte Rest.

Ich nehme das Buch in die Hand. Auf der ersten Seite finde ich den Namenszug meines Großvaters. »Ist das Buch schon wieder verboten?«, frage ich.

»Wieso?«

»Der Besitz dieses Buches stand bei den Nazis unter Strafe. Dieses Buch stammt von meinem Großvater, der wegen seiner Zugehörigkeit zur Bekennenden Kirche, von der in diesem Buch die Rede ist, von Ihren heillosen Vorgängern eingesperrt wurde. Es gehört übrigens meinem Vater. Geben Sie es ihm besser zurück. Die Nachricht, dass dieses Buch zum zweiten Mal auf dem Index steht, ist subversiver als das Buch selbst.«

»Ich weiß auch nicht, was die da gemacht haben«, sagt der Vernehmer. Das Ganze muss ihm peinlich sein.

Mein Vater konnte das Buch trotz wiederholter Anfrage nicht aus der Babylonischen Gefangenschaft befreien.

Posten

Ich mache meine Dämmerkreise im Hundezwinger. Längs oberhalb der einzelnen Zwanzig-Quadratmeter-Boxen spaziert der Posten auf der Brücke, gemächlich eine Zigarette rauchend. Heute hat »der Kleine« Dienst. Er hat ein offenes Menschengesicht, fast mädchenhaft, das er ständig versucht, mit einem finsteren Blick zu umwölken. Vielleicht ist er 25. Wie gerät so einer hierher?

Die graugrüne Uniform, die Tellerminenmütze, der lange Mantel, das macht irgendwie alt. Maschinenpistole, lächerliche Vorstellung, dass einer versuchen könnte, hier die Wand zum nächsten Zwinger hochzugehen.

Was macht der, wenn er nachher nach Hause geht? Vielleicht holt er das Kind gleich nach dem Dienst aus der Krippe: ... *Wenn er fällt, dann schreit er, fällt er in den Graben, fressen ihn die Raben ...*

Oder wartet seine Freundin am Tor unter der Laterne? Gehen wir ins Kino oder gleich nach Hause? Noch'n Bier an der Ecke? Oder ein Essen mit reservierten Plätzen, gleich vorn am Bahnhof. Oder nach Schildow zum Kiessee, Freibad ist zu voll. Oder in den Garten. Während sie Kaffee kocht, beschneidet er sorgfältig Rosen.

Hat er uns schon vergessen, wenn er den Zündschlüssel dreht, oder erzählt er manchmal vor dem Einschlafen von kümmerlichen Idioten im Trainingsanzug und Filzlatschen?

Schlaflose Nacht

Ich habe noch vier Blätter Zigarettenpapier.

Die Kippen der letzten Woche vorsorglich gesammelt. »Einkauf« ist erst am Montag. Ich mache mir aus vier alten Kippen eine neue Zigarette. Eine Geruchsmischung aus Teer und Jauche beißt sich durch die Nase in die Seele. Durch den Gestank rieche ich nicht immer nur mich selbst. Zweiwegzigaretten. Auf dem ersten Weg waren es »Karo«. Wieder dieser Lichtwurf. Das Wasserauge glotzt am Spion: »Hinlegen!« Als der Posten weg ist, setze ich mich auf die Klosettschüssel. Draußen verqualmten unsere Hoffnungen anders, nachts, bei Kerzenschein. Der abendfüllende Dauerbrenner, wie elend uns dieses Land macht, wurde in Rotwein ersäuft. »*Kalte Kippen auf den Lippen und in den Herzen Asche*«, sangen wir. Wozu das? Für wen? Verwartete Zukunft, leblos, immer das Glück der ewigen Enkel vor Augen, denen es einmal besser geht? Dafür waren wir zu jung.

Abhauen? Nein, dazu waren wir zu feige. Wie gut sich Feigheit vor dem Freund kaschieren ließ nach einer Flasche billigem Wein! Übertünchte Gräber mit stumpfen Zähnen.

Welche Blätter im Smoke, blankes Gewissen, das Herz splitternackt. Das ist keine Frage des Standortes. Die toten Seelen werden überall verschachert.

»Jeder muss da seinen Dienst versehen, wo der Herr ihn hingestellt hat«, sagte der Bischof und flog für einige Wochen nach Genf. Wir wollten hierbleiben. Die Frage, ob das Gras auf der anderen Seite der Straße nicht besser wächst, wuchert nur in Traumlandschaften. Wir sind Realisten. Schwarzrot-dreckiggelb mit Emblem. Besser als synthetisches Grün. Hier konnte man noch von Farben träumen, ohne blind zu sein.

»Es können ja nicht alle gehen!«, sagten wir und meinten mit »alle« immer nur unseren kleinen Zeh.

Und dann kamen die aus dem Westen mit Camel, Whisky, ihren Käferautos und den Ermutigungen zum Bleiben. Der Zwangsumtausch reichte, um würdig unser Fell zu versaufen. Sie feierten uns ein paar Stunden lang als geborene Helden. An der Bornholmer Straße fuhren sie ins Licht, nachts um zwölf. Wir blieben wirklich, mit einem Rest Whisky, dem Geruch nach grünem Apfel, einer aufgesparten Zigarette für den Heimweg zu Fuß.

Es können ja nicht alle gehen. Der grüne Pass ist verderblich für die innere Freiheit. Während der Käfer dem »Klassenkampf« im Westen entgegenfährt, stellen wir uns gestärkt der nächsten Runde des Experiments an lebendigen Menschen, das die Besucher liebevoll »Sozialismus« nennen.

Die »Verteidigung«

Die Gerichtsverhandlung soll nun in wenigen Tagen stattfinden. Ich werde wieder dem Anwalt vorgeführt. Ich frage ihn, wie weit seine Vorbereitungen auf die Verteidigung gediehen sind. Er sagt mir, dass er bisher noch keine Akteneinsicht hat. Ich frage, wie er das ganze Material aus bisher neun Monaten Untersuchungshaft in so kurzer Zeit noch sichten will.

»Das ist nicht nötig«, sagt er, »in Ihrem Fall ist sowieso das meiste entschieden.«

Ich frage, was diese Aussage im Klartext bedeuten soll.

»Dass mit der Verhandlung nur noch modifiziert wird.«

»Ich möchte mich selbst verteidigen«, sage ich.

»Das wird nicht gehen, Sie haben mich als Ihren Verteidiger beauftragt. «

»Darüber hinaus wird es sicher noch Punkte geben, über die Sie in der kurzen Zeit nicht informiert werden können. Die Dinge, um die es geht, haben ja ihre Wurzeln nicht erst in den letzten Monaten meines Lebens, sondern gehen auf meine Kindheit, meine Erziehung, auf mein ganzes bisheriges Leben zurück! Ich bestehe darauf, dass ich zu meiner Verteidigung beitragen kann! Sorgen Sie bitte als mein beauftragter Anwalt dafür, dass ich Papier und Stift in meine Zelle bekomme, um mich vorzubereiten!«

»Das wird nicht gehen! Es ist nicht üblich, dass ein Untersuchungsgefangener sich schriftlich auf die Verhandlung vorbereitet! Es tut auch gar nicht not.«

»Es geht bei dieser Verhandlung um Jahre meines Lebens, da wird es ja wohl möglich sein, dass ich mich einige Stunden schriftlich vorbereite!«

»Ich weiß nicht, was Sie damit erreichen wollen!«, fällt mir Hartmann ärgerlich ins Wort. »Viele Nuancen gibt es sowieso nicht!«

»Ich bestehe darauf, dass Sie als mein Anwalt dafür sorgen, dass ich Papier und Stift in die Zelle bekomme!«

»Ich sagte Ihnen schon, dass das nicht üblich ist!«, schreit Hartmann.

»Martin Niemöller, dessen Biographie ich vor der Verhaftung las, hatte das selbstverständliche Recht, sich zu verteidigen. Die ganze Untersuchungshaftzeit hatte er Papier und Stift. Außerdem hatte er das Recht, Literatur seiner Wahl zu lesen. Seine Verteidigungsrede, die er vor dem ›Volksgerichtshof‹ hielt, umfasste vierzig Seiten. Schon vor Monaten forderte ich Sie auf, dafür zu sorgen, dass ich wenigstens die Strafprozessordnung bekomme. In einigen Tagen ist meine Verhandlung. Nichts weiß ich über Rechte und Pflichten!« Jetzt verliert Hartmann vollends die Fassung. Seine Augen treten förmlich aus den Höhlen: »Wollen Sie uns etwa mit dem ›Volksgerichtshof‹ vergleichen?«

»Ich will nicht, ich muss!«

»Die Kirche hat auch Waffen gesegnet!«, schreit er. Ich schweige.

»Haben Sie noch eine Nachricht für Ihre Eltern?«, fragt er, als er die Fassung wiedergefunden hat.

»Ich wüsste nicht, was ich sagen sollte. Richten Sie aus, dass ich mich nicht schriftlich auf die Verhandlung vorbereiten darf.« Hartmann verabschiedet sich.

Papier und Stift habe ich auf seine Initiative nicht bekommen. Schon gar nicht die Strafprozessordnung.

Erst als ich mich wieder zum Haftanstaltsleiter meldete, sorgte der für Papier und Stift.

Ich wurde extra zum Schreiben in eine andere Zelle umgeschlossen. Die Bögen wurden abgezählt. Weder die Bibel noch andere Bücher, nicht einmal die Strafprozessordnung durfte ich dabeihaben. Aber ich hatte Papier und Stift, mehrere Stunden lang. Es ist unvorstellbar, was das bedeutet, immerhin saß ich schon fast zehn Monate hier, ohne ungestört und ohne Aufsicht auch nur einen Buchstaben auf ein Papier zu bringen.

Ich schrieb zwischendurch alle möglichen Gedanken, Merksätze, Gedichte und Verse, die ich bisher auswendig gelernt hatte, · auf die Ränder des Papiers.

Ich schrieb, bis mir das Handgelenk schmerzte und die Finger im wahrsten Sinne des Wortes wund waren.

Weil alles klein auf den Rändern meiner Verhandlungsvorbereitung notiert war, bekam ich die Zettel auch am nächsten Tag wieder hereingereicht, mit der Bemerkung, dass die Schmierereien am Rand zu unterbleiben hätten. Ich hatte aber vorgesorgt. Eine alte Zigarettenschachtel, die ich in eine volle schob, beschrieb ich auf der Innenseite. Die Rückseite des Stanniols ließ sich auch beschreiben. Das ergab eine ganze Menge Platz.

Abends wurde das Papier gezählt, meine Zettel abgenommen, ich kam wieder in »meine« Zelle.

Der Sturz ins Unbekannte

Endlich ist es soweit. Diese öden verwarteten, gemordeten Tage, Wochen, Monate sollen ein Ende haben. Die Gerichtsverhandlung soll unter Ausschluss der Öffentlichkeit über alles Weitere entscheiden. Am Morgen werde ich von einem Läufer abgeführt und in die Umkleidezelle gebracht. Ich bekomme eigene Kleidung. Extra für diese Prozedur hatten meine Eltern sie abgegeben.

In diesem Staat muss alles seine Ordnung haben. Der Untersuchungsgefangene ist noch im Besitz seiner zivilen Rechte. Er muss in Zivil erscheinen, um den Schein zu wahren. Ich ziehe mich um.

Mir geht nur ein Gedanke durch den Kopf: Gleich werde ich Tine sehen, einen ganzen Tag werden wir nebeneinandersitzen. Unsere Träume werden sich treffen, unsere Gedanken sich schneiden. Ich werde ihre Menschenstimme aus dem tödlichen Geplärre heraushören, werde meine Erinnerungen sammeln, Stoff zum Leben für tote Tage. Wie eine leere Batterie werde ich alles speichern. Ein Leutnant schließt mir Handschellen an. Durch eine Schleuse geht es auf den Hof. In jeder Ecke steht ein bewaffneter Posten. Wie wichtig diese Blödmänner sich nehmen! Nach neun Monaten das erste Mal, dass ich dieses verhasste Gebäude verlasse.

Sie verfrachten mich in die »Minna«. Das Fahrzeug, Marke »Barkas«, ist in sechs kleine Bretterverschläge unterteilt, in die je ein Mensch gekrümmt werden kann. Das Kabuff wird verschlossen, nachdem nochmals eingeschärft wurde, kein Sterbenswörtchen zu verlieren. Der Hinweis, dass bei Fluchtversuch ohne Anruf von der Schusswaffe Gebrauch gemacht wird, unterstreicht, wie ernst sie ihre Albernheiten nehmen. Im Kämmerlein ist es stockdunkel. Der Motor springt an. Ich huste. Tine hustet aus einem der Nebenverliese. »Ruhe!«, brüllt es von vorn.

Das Fahrzeug ruckelt über die schlechten Straßen von Pankow nach Stadtmitte. Am Ziel werden wir einzeln, wie Schwerverbrecher bewacht, über einen Hof geführt. Im Treppenhaus geben unverblendete Fenster Augenblicke lang freien Blick übers sogenannte Leben: Häuserdächer, beschmutzter Himmel in abgeblätterten Fensterrahmen. Im Gerichtsgebäude wird jeder einzeln in eine Art Affenkäfig von etwa zwei Quadratmetern gesperrt. Ich frage nach meinen schriftlichen Vorbereitungen. »Anwalt« Hartmann erscheint am Gitter.

»Ich habe Ihre Aufzeichnungen bekommen. Leider habe ich nicht die Zeit gefunden, sie durchzulesen. Wollten Sie das alles vortragen?«

»Ja, unter der Rubrik: ›Der Angeklagte hat das Wort‹.«

»Was bilden Sie sich ein«, fährt Hartmann mich an, »wie lange soll denn die Verhandlung dauern, wenn jeder anfängt, seitenlange Pamphlete zu verlesen? Sie können das vor Gericht unmöglich vortragen!«

»Aber es ist mein Recht! Es geht um Jahre meines Lebens!«

»In der Verhandlung herrscht das ›Prinzip der Mündlichkeit‹«, sagt Hartmann, während er kopfschüttelnd in meinen Papieren blättert. »Sie können eine Seite nach Wahl vortragen, mehr ist nicht drin!« Ich wage nicht, ihn nochmals an Niemöllers Verhandlung zu erinnern. Er soll mich schließlich verteidigen. Resigniert verlange ich die letzte Seite.

Nachdem ich sie überflogen habe, wird der Verhau aufgeschlossen. In Handschellen über den Flur. Das erste Mal sehe ich Tine. Sie wird vor der Tür des Gerichtssaals von den Handschellen losgeschlossen. Sie hat ein fröhlich geblümtes Sommerkleid an. Sie ist blass wie die Wand nach den sonnenlosen Monaten in der Zelle.

»Sei nicht so aufgeregt, das überstehen wir auch noch!«, ruft sie mir zu.

»Ruhe!«, schnauzt der Posten.

Sie wird von zwei Wächtern in den Saal geführt, mir werden die Handschellen abgenommen. Der Vernehmer weist mich darauf hin, dass ich auf der Anklagebank kein Wort mit ihr reden, noch sie berühren darf.

Der Gerichtssaal ist in schönstem Jugendstil gehalten, warme Holzverschalungen an den Wänden. Die Stühle für die Angeklagten sind so gestellt, dass es unmöglich ist, zum Fenster hinauszusehen. Gähnende Leere. Bis auf den Vernehmer und einen ganzen Stab von Bewachern ist niemand zu dieser gespenstischen Prozedur zugelassen. Fett und breit sitzt die Staatsanwältin Jahnke dem Richter zur Rechten. So sehen sie also aus, die »*alten Weiber, die Parteiverfahren machen*«, wie es in Wolf Biermanns Lied heißt. Wenn sie wenigstens nur so aussähen – sie sind auch so geworden: Vierzig Jahre lang das Unrecht zum Recht zu machen, bleibt nicht spurlos. Diese Frau sieht nicht nur bitter, sondern bitterböse aus. Schmale zusammengekniffene, blutleere Lippen, Augen ohne Blick, wasserstoffblonde Haare, graue Haut. Wie viele hat dieses Weib hier schon angeklagt, wissend, was sie tat?

Der Richter hat den bezeichnenden Namen Glück. Er ist schwarz gekleidet, die müden Augen schwimmen klein hinter einer sehr dicken Brille, ausdruckslos, gelangweilt. Die Schöffen: ein Busfahrer, der Bahnhof versteht, eine Frau, von der ich mir nur das breite Sächsisch, in dem sie ihre Fragen stellte, gemerkt habe.

Die Verhandlung wäre überaus langweilig gewesen, wenn es nicht um ein paar Jahre unseres kurzen Menschenlebens gegangen wäre. Das nötigte uns zum Zuhören. Sympathisch an dem Busfahrer-Schöffen, dass er von Zeit zu Zeit einschlief.

Nach der Anklage, die eine einzige Beschimpfung ist und nur Geifer und Hass zum Vorschein bringt, werden Beurteilungen verlesen, die uns auf Bestellung von der Greifswalder Universität ausgestellt worden waren. Die Beurteilung der Sektion »Stomatologie« (wie sich die Zahnmedizin vornehm nannte) für Tine ließ die Frage aufkommen, wie ein Mensch mit derartig verbrecherischen Neigungen jemals zu der Ehre gekommen war, in diesem Staat Zahnmedizin zu studieren. Die Verhaftung wurde als »folgerichtig« begrüßt.

Die Beurteilung der Theologischen Fakultät, die der damalige Prodekan Leder geschrieben hatte, war wohlwollend. Dann folgte die stundenlange Lesung der Vernehmungsprotokolle aus neun Monaten.

Zwischendurch versuchten Tine und ich unsere Stühle, die etwa eineinhalb Meter voneinander entfernt standen, behutsam einander anzunähern.

Der »Anwalt« Hartmann, der uns im Rücken platziert war, zischte von hinten, wir sollten den Abstand halten, den die »Organe« nicht ohne Sinn hergestellt hätten.

Am Ende der elenden Farce steht der Antrag der Staatsanwältin: Drei Jahre und zwei Monate wegen »landesverräterischer Agententätigkeit« und »Fluchtversuch«, den die »Organe« erfolgreich »vereitelt« hätten. Damals wussten wir noch nicht, dass der Mann, der uns zu einem Fluchtversuch verleiten sollte, seit Jahrzehnten selbst ein »Organ« der Stasi war: Pfarrer Frank Rudolph. Gegen sechzehn Uhr folgte das »Plädoyer« unseres »Verteidigers«. Auch dieses bestand in einer endlosen Empörung über unsere Gräueltaten gegen den wohlwollenden DDR-Staat, der uns Schulbildung und Studium ermöglicht habe und den wir – Krönung des Undankes – auf krummen Wegen verlassen wollten.

Zugute hielt der Verteidiger uns – ich habe diese Formulierung nicht vergessen können – eine zur »Akribie gewordene Liebe zur Wahrheit während der Vernehmungen«, nachdem er uns vorher der wüstesten Lügen für schuldig befand. Er beantragte ein Jahr Strafnachlass. Der Busfahrer schlief längst wieder, als ich meine gnädig vom Anwalt ausgehändigte Seite vortrug. Sinnlos wie alles, was an diesem Tag gesagt worden war. Wir bekamen wieder unsere Handschellen und wurden in der Ein-Mann-Dunkelkammer zurück nach Pankow gekarrt.

Der Stadt Bestes

Suchet der Stadt Bestes, dahin ich euch habe wegführen lassen, und betet für sie zum HERRN; denn wenn's ihr wohl geht, so geht's auch euch wohl.

Denn so spricht der HERR Zebaoth, der Gott Israels: Lasst euch durch die Propheten, die bei euch sind, und durch die Wahrsager nicht betrügen, und hört nicht auf die Träume, die sie träumen! Denn sie weissagen euch Lüge in meinem Namen. Ich habe sie nicht gesandt, spricht der HERR. Denn ich weiß wohl, was ich für Gedanken über euch habe, spricht der HERR: Gedanken des Friedens und nicht des Leides, dass ich euch gebe das Ende, des ihr wartet. Und ihr werdet mich anrufen und hingehen und mich bitten, und ich will euch erhören. Ihr werdet mich suchen und finden; denn wenn ihr mich von ganzem Herzen suchen werdet, so will ich mich von euch finden lassen, spricht der HERR, und will eure Gefangenschaft wenden. (Jeremia 29)

Ich habe wohl keinen Augenblick lang geglaubt, dass diese Verhandlung wirklich so etwas wie Recht herstellen könnte. Dennoch hatte ich zwanzig eng beschriebene Seiten im Gepäck des Vernehmers platziert, mit denen ich mich verteidigen wollte. Sie standen unter dem Stichwort »Exil« und orientierten sich an einem Wort aus Jeremia 29, das mir wie ein Motto für all die vergessenen Gesichter und verwarteten Tage erschien.

»Suchet der Stadt Bestes, dahin ich euch habe wegführen lassen, denn wenn es ihr wohl geht, so geht's euch auch wohl.«

Ja, wir wollten alle, dass es der »Stadt« besser gehe, auch wenn wir längst gemerkt hatten, dass es nicht die unsere war: Die Ideologie, die alles unter ein Diktat stellte, die »Organe« des Staates, die immer unerbittlicher gegen Andersdenkende vorgingen, auch gegen unsere Träume und harmlosen Sehnsüchte – all das ließ uns das Land unserer Väter als eine Fremde erscheinen. Nein, wir wollten es nicht verlassen. Ich behaupte auch, dass die wenigsten, die diesen Schritt gingen, es getan haben, weil sie irgendein Narrenparadies suchten. Es gelang einfach nicht mehr, den eigenen Hoffnungen zu trauen. Wir wurden bisweilen von der Angst gepackt, in diesem Wartesaal der Zukunft zu sterben.

Niemand glaubte mehr die Formeln von der »Übergangsphase zum Kommunismus«, die mit Fehlern und Schwächen belastet war. Wir hatten nicht das Gefühl, auf der besseren Seite der Welt zu leben. Wir wollten es auch gar nicht.

Nicht eine Menschheit wollten wir retten, sondern einen unbehelligten Bereich zum Leben schaffen: eine Utopie mit Ort oder einen Ort für unsere Utopie.

Dass wir dies alles nicht in den Schoß gelegt bekamen, war uns sogar recht: Wir wollten es erkämpfen und unsere Kräfte dafür einsetzen. Das aber war aussichtslos geworden, seit 1976 ein Pfarrer gebrannt hatte. Mit ausgebranntem Herzen hatte er uns allen und vor allem seiner Kirche ein Licht aufgesteckt. Und wir hätten alle daraus lernen können und müssen. Aber schon die Reaktion darauf war sehr fragwürdig, wenn man die paar geflüsterten Hirtenworte der Oberen auf diesen flammenden Aufschrei überhaupt ernst nehmen kann. Bereits drei Monate später schwiegen die Kirchenoberen schon wieder lauthals, als der Liedermacher Wolf Biermann ausgebürgert wurde. Dabei war jedem klar, dass es um ein Exempel ging. Die Oberen probierten, wie man sich am bequemsten unbequeme Kritiker vom Hals schaffen könnte. Kein einziges Wort der Kirche! Dass wir auf diese Institution nicht rechnen konnten, lernten wir später in der Frage des Wehrkundeunterrichts noch sehr bitter. Das gehört als Gegenbild zur Heldengeschichte hinzu, die bei Hofe geschrieben wird. Nein, im Buch Gottes gibt es keine Korrekturen. Und alle Hofgeschichtsschreibung hat es nicht geschafft, jene Schrift an der Wand zu löschen, die mit wenigen Worten alles vom Kopf auf die Füße stellte: *»Und tat, was dem Herrn missfiel!«* Diese Worte reichten für ganze gottlose Dynastien und werden auch mit ein paar frommen Lügen auf Stelzen fertig. Des Büchermachens ist kein Ende, aber ein paar Worte bleiben unauslöschlich. Exil hieß vor allem, alleingelassen zu sein. Oskar Brüsewitz, der brennende Pfarrer, war nur einer von vielen, denen das Herz verbrannte, während die Oberen den Kopf in den Wolken hatten. Exil bedeutete, einsame Wege zu beschreiten, die Zweifel niederzuringen und weiterzukämpfen.

Exil bedeutete, auch auszuhalten, auszuharren, gegen den Strom (auch der eigenen Wünsche und Hoffnungen) zu schwimmen. Das ist niemandem leicht gefallen. Wer aber behauptet, den Gedanken, dieses öde, feindliche Land verlassen zu wollen, nicht ein einziges Mal im Herzen bewegt zu haben, der hat kein Herz oder dort nie gelebt. Sicher gab es viele übertünchte Gräber dort, die sowieso nie gelebt haben. Man sieht es an dem grausigen Erwachen und dem Heißhunger nach den Fleischtöpfen Ägyptens, denen jetzt hinterhergejammert wird. Das von den Schultern genommene Joch des Exils wird aber niemand wirklich vermissen. Viele haben den drückenden Schmerz vielleicht erst gemerkt, als er nachließ. Bis auf die Bonzen in Kirche und Staat wird ihn aber jeder gespürt haben!

Bis zur Urteilsverkündung vergehen mehrere Tage. Besondere Änderungen gegenüber dem Antrag der Staatsanwältin sind nicht zu erwarten. Das Stück wird dennoch bis zum letzten Akt gespielt. Wieder im dunklen Kämmerlein durch Berlin, Handschellen, Schwerverbrecherbewachung.

An den Käfig tritt diesmal der Vernehmer:

»Wenn Leute zur Urteilsverkündung kommen, lassen Sie sich nicht ablenken!«

Ich rechne mit einer Klasse von Jura-Kadern im FDJ-Hemd, die Anschauungsmaterial brauchen.

Wir werden wieder vorgeführt. Als wir sitzen, geht die Tür auf. Statt der erwarteten FDJler kommen vergessene Gesichter zum Vorschein: Propst Friedrich Winter, mit ihm der Superintendent des Kirchenkreises Pankow, unsere Geschwister, unsere Eltern, Freunde, die den Termin im letzten Augenblick erfahren haben.

Sie grüßen zu uns herüber, nehmen Platz. Es ist nach den gemordeten Monaten kaum zu ertragen, so vielen lebendigen Menschen in die Augen zu schauen.

Die Augen-Blicke gehen bis in die letzte Tiefe des Herzens und bergen Ewigkeiten. Es ist unbeschreiblich, was in Sekunden hin- und hergeht.

Der Richter liest seine im Namen des Volkes verhängten Paragraphen im Affentempo vor: Fetzen wie »Fluchtversuch«, »landesverräterische Agententätigkeit«, »Gruppenbildung«, »Verbindungsaufnahme« bleiben hängen. Dann das Strafmaß: zwei Jahre und acht Monate!

Die »Öffentlichkeit« wird sofort wieder ausgeschlossen. Die Begründung des Urteils geht niemanden etwas an. Alle sind so schlau wie vorher, keiner erfährt, was wir eigentlich gemacht haben. Im Nachhinein erfahren wir, dass Propst Winter den Termin nach endlosen Telefonaten mit energischen Verweisen auf das »geltende Recht« in Erfahrung gebracht hatte.

Laut Gesetz durfte die Öffentlichkeit zwar von der Verhandlung, nicht aber von der Urteilsverkündung ausgeschlossen werden. Dennoch blieb diese öffentliche »Urteilsverkündung« eine Ausnahme. Bei keinem unserer Mitgefangenen war es gelungen, den Verhandlungstermin zu erfahren. Die Angehörigen wurden in der Regel erst informiert, wenn er vorbei war. So hielt man sich das lästige Volk vom Hals, in dessen Namen man die Deliquenten verurteilte.

Ankunft in Rummelsburg

Nachdem wir der Minna entstiegen waren, mussten wir – Gesicht zur Wand – stehen.

Die Schuhe ohne Schnürsenkel und die Handschellen konnten uns das Hochgefühl, Zivilkleidung auf der Haut zu haben (nach zehn Monaten!), nicht verderben. Zwar klebte die Wäsche nach der Fahrt durch die Mittagsglut am Leib, und es bedurfte einiger Gewöhnung ans Licht, nachdem wir in den fensterlosen Kabinen des Lieferwagens über das Pflaster geschüttelt worden waren. Dennoch war es ein beinahe feierlicher Augenblick. Neben mir stand noch ein zweiter Gefangener. Als ich ihn verstohlen anblickte, irritierte mich sein Lächeln. Angesichts der Mauer vor meiner Nase, dem deprimierenden Umfeld und nach der Holperfahrt wäre ich dazu eigentlich nicht aufgelegt gewesen. Der Mann da im fröhlich karierten Hemd beeindruckte mich. Ein Mensch, der lächelte! »Guten Tag!«, sagte er. »Hier herrscht Ruhe!«, brüllte es von hinten.

Wir wurden über den Hof in einen der riesigen mehrstöckigen Backsteinbauten geführt. Auf dem Hof, der ungefähr 150 x 200 Meter maß, in dessen Ecken die Wachttürme gen Himmel drohten, je mit einem blau uniformierten Polizisten mit Maschinenpistole, gingen Häftlinge auf und ab. An die Weite und an die Menschenmenge musste man sich erst einmal gewöhnen. Zum ersten Mal seit fast einem Jahr sah ich mehrere Menschen auf einmal, die sich unterhielten. Alles wirkte wie ein Ameisenhaufen. Die Häftlinge musterten uns mit großer Aufmerksamkeit. Sie grinsten mitleidig, als wollten sie uns sagen: Das hier ist der Ernst des Lebens.

In unseren Gesichtern konnten sie lesen, was sie selbst nicht mehr hatten: Erinnerungen an das eigene Gemisch aus Hoffnung und Angst, als sie diesen Hof das erste Mal betraten. Unsere Nervosität und die scheuen Blicke, die dem »Frischfleisch« eigen sind, waren ihnen vertraut und fremd.

Solche Gefühle gibt der Gefangene möglichst in der Kleiderkammer mit seinem privaten Bündel ab. Es zählt nur noch die Fähigkeit zur Anpassung, die man »Vergessen« nennt.

Alle steckten in alter Militärkleidung, einige, die Langstrafer, hatten gelbe Streifen auf Ärmeln, Hosenbeinen und den Rücken herunter. »Maikäfer« nannte man diese Ausführung der Kleidung. Hinter einigen der vergitterten Fenster waren Silhouetten von Häftlingen zu sehen, die gerade Freischicht hatten.

Wir wurden in die Kleiderkammer geführt. Ein widerlicher Geruch nach Mottenpulver und Schweiß schlug uns entgegen. Wir mussten uns nackt ausziehen und schlüpften in die hellblau gefärbte lange Unterwäsche, die nach billigem Waschmittel roch. Jeder bekam ein paar hohe Schnürschuhe, »Knobelbecher« genannt, ein blauweiß gestreiftes Hemd, »Maikäfer« und Kappe. Dazu Rasierpinsel, eine Rolle, die an Kernseife erinnerte, und Rasierklingen. Die letzteren gaben das Gefühl einer relativen Freiheit, denn in der U-Haft waren aus Sicherheitsgründen sogar die Bestecke aus Plastik.

Vor dem Gang zum Friseur war Rasieren befohlen. Auf einem langen Flur hatten wir uns aufzureihen und erhielten je eine

Blechschüssel mit Wasser und einen Handspiegel. Da ich mich weigerte, selbst zu rasieren, wurden mir – wenig zimperlich – Bart und Haupthaar vom Friseur, eskortiert von zwei mit Knüppel bewaffneten Blauröcken, geschoren. Die Freistunde nach der »Schur« war die erste nach zehn Monaten, die ich mit mehr als einem Häftling verbrachte. Zu jedem Gesicht, das ich hier zu sehen bekam, dachte ich mir eine Geschichte aus, die es gezeichnet haben mochte. Nahezu alle waren falsch.

Der alte weißhaarige Herr mit den sanften Augen war nicht etwa ein Dissident, sondern ein Mörder. Der mit der Menschenhasser-Visage war ein Gelegenheitsdieb, und der wie ein Zuhälter aussah, war ein einfacher Nestflüchter.

Unter den Langstrafern fanden sich kaum noch Gesichter, in denen man lesen konnte. Die trostlose Umgebung schien die Muskeln zu lähmen, den Ausdruck erstarren zu lassen, als hätten alle mit Medusa geflirtet. Da waren Stirnen wie Kieselsteine, ausgepresste Lippen. Da schauten abgrundtief leere Augen in grauer, schlaffer, unbewegter Haut.

Jedes Wort, das durchs Ohr ging, jedes Bild, das die Pupillen passierte, schien weit vor dem Herzen zu verenden. Das Leid selbst war erfroren. Es herrschte etwas wie Totenstarre.

Auf dem Hof fand sich kein einziger Baum, uns umgab Beton und dauerhafter, wahrscheinlich noch aus wilhelminischer Zeit stammender Backstein.

Das Innere der Zellen war schlimmer als vorgestellt. Je zweimal drei Betten türmten sich übereinander. Die Wände waren von Generationen beschmiert, die Ölfarbe hing in Fetzen herunter. Ein eigenartiger Geruch verbreitete sich. Die Fenster waren unter der Decke. Wollte man hinausschauen, musste man über eines der oberen Betten auf den Schrank steigen. Auf diese Weise sah ich nach so langer Zeit den ersten Sternenhimmel. Die Fenster waren im Gegensatz zur Untersuchungshaft nicht mit Glassteinen zugemauert.

Als sich die Zellentür hinter uns schloss, waren zwei der Gefangenen in ein »Mensch-ärgere-dich-nicht«-Spiel vertieft, ohne auch nur aufzublicken. Sie nahmen keine Notiz von uns. Der Dritte saß, ohne sich zu rühren, auf dem »Leo«, der Toilette, die völlig ohne Verkleidung an der Wand neben der Tür eingelassen war. Daneben ein Waschbecken, nur Kaltwasser. An der gegenüberliegenden Wand war der sogenannte Essensschrank, in dem Reste von den Mahlzeiten aufbewahrt wurden. Die beiden Kannen obenauf waren zur Züchtung von Brotwein bestimmt, der aber meist vor der Gärung entfernt wurde. In einem weiteren Behälter wurden Zigarettenkippen gesammelt. Sie waren regelmäßig in den Notzeiten am Ende des Monats zur Überbrückung bestimmt. Dann wurde der Tabak aus den Stummeln gelöst, mit Zeitungsresten neu zu Zigaretten verarbeitet.

Zweiwegzigaretten wurde das stinkende Zeug tituliert. Die Sprache, die hier gesprochen wurde, lernten wir nur mühsam. Es war eher ein Sprachvollzug, der sich auf das Nötigste beschränkte. Das war fast nichts. Die Tage wurden gezählt, Normen aus der Drahtzieherei, in der die Häftlinge arbeiteten, verhandelt, Essen, Schlafen, Weiber und wieder Tage zählen.

Man schlug hier das Leben tot. Denn wirklich lebt der Gefangene nur im Traum. Im Traum gibt es zwei Dinge nicht: Grenzen und vor allem: die Zeit.

Um 5.30 Uhr wurde geweckt. Ein Signalhorn dröhnte, das Licht ging an. Dann schepperten die Essenwagen über die Gänge. Die Kalfaktoren waren meist unausgeschlafen und mürrisch. Das Brot hatte einen Wasserstreifen, die Margarine schmeckte nach Maschinenöl, der fertig gemischte und mit Milch verlängerte Gerstenkaffee hatte Fettaugen.

Da wir »Transporter« waren und nur auf die Überführung in eines der berüchtigten Gefängnisse Bautzen, Cottbus oder Brandenburg zu warten hatten, machten wir keine Bekanntschaft mit den Arbeitshäusern, in denen drei Schichten im Akkord gearbeitet wurde: Federn für Kugelschreiber, Wickeln von Transformatoren und Drahtzieherei, wie man erzählte.

Wir waren den ganzen Tag damit beschäftigt, Spekulationen darüber anzustellen, wo wir denn landen würden. Still hofften wir, dass wir das verhängte Strafmaß nicht absitzen müssten.

Das Wiedersehen

Nach vierzehn Tagen war die öde Warterei vorbei. Wir wurden herausgerufen und bekamen jeder einen Karton ausgehändigt, in dem sich unsere persönlichen Habseligkeiten befanden. Dann wurden wir je zwei und zwei mit Handschellen zusammengekettet, erhielten noch Proviant aus Schwarzbrot mit Marmelade oder einer Fleischwurst, die bereits grünliche Färbung zeigte. Wir wurden über den Hof geführt und in einen der bereitstehenden Lastwagen gepfercht. Der Aufbau dieser Wagen bestand aus einem Kasten, der innen dreimal durch ein Drahtgitter unterteilt war. In jedem der Käfige saßen mehrere, mit Handschellen aneinander gefesselte Häftlinge. Der vordere Verhau war wiederum durch ein Gitter von den Sitzen der Begleitmannschaft getrennt. Ich war an meinen Nachbarn vom Hof gekettet, beide in unsere braunen Uniformlumpen gehüllt, versuchten wir, über die Umstände zu spotten.

Die Tür des Wagens wurde noch einmal geöffnet. Eine weibliche Wachperson trat ein, dann folgten zwei zusammengekettete Frauen in Zivil. Sie wurden in den leerstehenden Käfig gesperrt, dann folgten die anderen Bewacher.

Ich traute meinen Augen nicht: Eine der beiden Frauen im Käfig da vorn war Tine. Ein solcher Zufall, der aus grober Unachtsamkeit des Wachpersonals herrührte, war unmöglich! Nein, das konnte sie nicht sein! Vier Gefangene und zwei Gitter zwischen ihr und mir! Unglaublich! Sie war es!

Jetzt durfte ich mir nichts anmerken lassen, sie auch nicht. Solange der Wagen noch stand, war der Fehler zu beheben.

Sie hatte mich ebenso wenig vermutet und erkannte mich auch erst, als unsere Augen sich das zweite Mal suchten.

Grau und bleich sah sie aus, fremd gegen die Erinnerungen. Deutlich gezeichnet von anderen Erlebnissen und Welten, die sich zwischen unseren Abteilen jetzt zu türmen schienen.

Die Gerichtsverhandlung lag einige Wochen zurück. Nun furchte sich die Gewissheit des Urteils in die Gesichter.

Es ging nicht mehr um das Leben, sondern um das bloße Überleben der Zeit, die jetzt vor uns lag. Vielleicht würden uns Jahre trennen. Unsere Blicke klebten aneinander. Vertraut in dieser schreienden, ohnmächtigen Stille. Es gab so vieles zu schweigen.

Wie schnell lernt man eine Sprache ohne Worte! Wie ein Fotoapparat zeichnete die Seele die Augenblicke auf. Das mussten Reserven für Monate werden! Als der Wagen rollte, riefen wir uns Liebeserklärungen durch den Draht, auch Sorgen und Ermutigungen: Halte durch, die kriegen uns nicht auseinander! Die Wächter brüllten dazwischen. Wir badeten in unseren Blicken. Was ging in ihr vor? Sie war schöner geworden und hatte etwas, das mir Zuversicht gab. Dennoch fürchtete ich um sie. Ich stellte mir ein Frauengefängnis vor: brutal und für eine »Tochter aus gutem Hause« ein Dschungel von Gefahren. Mit Prostituierten und Mörderinnen in der Zelle würde sie sich sicher arrangieren können. Grund zur Sorge war eher ihr aufbegehrendes, impulsives Wesen und der kindliche Leichtsinn. Durch das Gitter des Augenblicks wirkte sie aber gelassen. Sie hatte die Gunst des unverhofften Wiedersehens viel schneller erfasst als ich. Es galt, aus einem Versehen eine Kraftquelle werden zu lassen. Sekunden auf Vorrat. Wir schauten und schauten, bis wir das Gitter nicht mehr sahen. Keiner konnte dazwischenfahren, solange der Wagen fuhr. Und die Augen würde man uns nicht verbinden.

Der Wagen fuhr zum Ostbahnhof, stand lange dort. Wir vergaßen die an uns geketteten Geschöpfe, wir vergaßen die Situation, wir wiegten uns in einer fernen Wirklichkeit. Unsere Augen fanden sich im Spiegel einer Vergangenheit, die nicht vergeht. Da wurden all unsere Gestern wach. Die Hoffnung war wie ein Ball, den wir uns zuspielten, die Umarmung von ferne wie ein Rausch.

Bald ging die Tür auf, alles zerriss wie ein verbotener Traum. Die beiden aneinander geketteten Frauen wurden aus dem Wagen geholt. Alles ging wie mit einem Zeitraffer. Wir wurden aus dem Wagen geholt, mussten in Reih und Glied antreten, immer zwei und zwei. Jeder musste mit der freien Hand einen Karton vom Lkw laden. Kein Mensch war auf dem Bahnsteig zu sehen. Ein Zug wurde einrangiert. Die Wagen hatten Milchglasscheiben. Sie sahen aus wie Packwagen der Post. Innen waren hölzerne Viererabteile, einzeln verschließbar. Licht gab es nicht. Da es inzwischen dunkel war, sahen wir nichts. Der Zug fuhr an. Hinter den Milchglasscheiben wechselten die Laternen. Der Zug hielt noch einmal. Den Geräuschen entnahmen wir, dass wir uns auf einem normalen Fernbahnsteig befanden. Zugverspätungen wurden durchgesagt, S-Bahn-Züge fuhren an, Stimmengewirr. Durch die nach unten aufgekippten Fenster sahen wir einen Streifen des Bahnsteiges. Langsam gingen zivile Schuhe auf und ab, eine Jeans, Frauenstrümpfe, Stöckelschuhe, Gepäck. Wir sahen uns die Füße an, die darauf warteten, einen anderen Zug zu besteigen. Mein Handgelenksnachbar nutzte den Anblick für einen makaberen Witz: Er beugte sich an den Fensterschlitz und hauchte mit leidentstellter Stimme »Hunger, Huunger« hinaus. Die sieben oder acht Fußpaare entfernten sich in solchem Eiltempo, dass wir lachen mussten. Ein einsamer Koffer blieb zurück.

Die Zugfahrt schien endlos. Trotz der Dunkelheit misslangen alle Schlafversuche. Der Zug hielt an einem entlegenen Bahnsteig. Wieder nahmen wir in Zweierreihen unsere Kartons auf. Eine Gruppe von dreißig bis vierzig bleichen Männern in Häftlingskleidung, eskortiert von Wächtern mit Schäferhunden und Maschinengewehren, setzte sich in Bewegung. Das Bahnhofsschild verkündete Cottbus. Auf der Bahnhofsuhr (nach zehn Monaten der erste Blick auf eine Uhr!) hatte die letzte Runde des Tages begonnen.

Unser Anblick musste unerträglich sein. Die Menschen, denen wir begegneten, schauten entweder durch uns hindurch oder wendeten sich schnell ab. Es schien, als hätten sie trainiert. Die Reaktionen erinnerten an Pawlowsche Hunde. Der Bahnsteig, eilige Menschen, erleuchtete Fenster, Autos, Ampeln, ein Kind. All das seit fast einem Jahr zum ersten und für unbestimmte Zeit auch zum letzten Mal. Vor dem Bahnhof wartete der Kastenwagen. Zählung mit keuchenden Hunden. Beeilung beim Einsteigen. Die Augen taten weh, als wir wieder in unseren Käfigen saßen.

»Katakomben«

Als wir ausstiegen, blendeten uns Scheinwerfer. Eine Betonmauer, ein angestrahlter Wachturm, drohende Gewehre, Hundegebell, Schaftstiefel, dunkelblaue Uniformen, Bäuche hinter Maschinenpistolen. Antreten in Zehnerreihen. Wir wurden von den Handschellen losgeschlossen und mussten dann in Zweierreihen in die sogenannten »Katakomben«, einen muffig riechenden, feuchten Schlafkeller mit etwa fünfzig Doppelstockbetten, marschieren. Bei der Suche nach einem Bett kam Stimmung auf wie in der Jugendherberge. Während ich mich auskleidete, sah ich die Tätowierung meines Bettnachbarn. Eine sehr gute, fein kolorierte Kopie der Kreuzigungsgruppe von Grünewald. Johannes der Täufer wies mit langem Finger auf den Gekreuzigten,

Maria Magdalena weinte. Hochwertige Knastarbeit. Der Jünger Johannes, der Maria im Arm hält, war noch nicht fertiggestellt. Das Gesicht des Gefangenen, der etwa 25 Jahre alt sein mochte, war trotz der Blässe sehr lebendig. Ein schönes, offenes Gesicht mit wachen dunkelbraunen Augen.

Auf der anderen Seite erzählte ein dicker Gefangener im Militärjargon die Geschichte seiner versuchten Republikflucht. Später hieß er nur noch der »Major«, weil er unter dem Verdacht stand, Spitzeldienste zu leisten. Bald ging das Licht aus. Das war also das berüchtigte »Zuchthaus Cottbus«.

Wieder in der Zelle

Dem Urteil nach hatte ich noch knapp zwei Jahre hier zu verbringen. Die Untersuchungshaft war angerechnet worden. Was dann kam, war völlig im Dunkeln. Jedenfalls ein Wiedersehen mit Tine, nackte Erde unter den Füßen, Türklinken.

Am nächsten Morgen wachte ich schon vor dem Aufstehen auf. Da lag ich nun mitten im Sumpf. Die meisten Menschen, die mich hier umgaben, waren eigentlich eine potenzielle Gefahr für mich. Was wusste ich von ihnen, welchen Glauben konnte ich den Geschichten schenken, die sie erzählten, wie sollte ich mit ihnen umgehen? Manche waren von oben bis unten tätowiert, andere redeten sofort beim Aufwachen von ihren politischen Heldentaten, die dritte Gruppe war völlig unschuldig hier.

Dennoch war ich glücklich, Menschen zu riechen, zu hören, in einer Masse untergehen zu können, nicht mehr allein zu sein mit meinen Fragen und den immer präsenten Wächtern.

Das Waschen mit kaltem Wasser in der faulig stinkenden Nasszelle war schnell erledigt, weil von allen Seiten nach den zu wenigen Wasserhähnen geschoben wurde.

Nach dem Ankleiden wurden wir zum Frühstück herausgeführt. Schwarzbrot mit Margarine und Marmelade in einem Raum, der an einen Kinosaal erinnerte.

Dann wurden Gruppen zu etwa zwanzig Mann ausgesondert, es galt, die Garderobe in Empfang zu nehmen.

Jeder bekam vier Garnituren blaugrau gefärbter Unterwäsche, ein Nachthemd, vier Paar Socken und die braungelb gestreifte Montur mit der dazugehörigen Kappe. Dann ging es zum Fotografieren. Einmal Profil, einmal von vorn mit Häftlingsnummer, dann Klavier spielen: Fingerabdrücke wurden genommen. Auf dem Rückweg wieder dieser Kommandoton. Durch mehrere Stahlgitter, die immer geschlossen gehalten wurden, gelangten wir in den Zellentrakt.

Die Zelle, die uns zugewiesen wurde, war mit vierzehn Leuten belegt. An der Wand war ein Waschbecken, eine kleine Tür trennte die Toilette ab. Sechs Doppelstockbetten standen eng nebeneinander, eins an der Querwand. Sonst gehörten noch je ein Hocker für die Gefangenen und ein Tisch zur Ausstattung. Neben der Tür war für jeden ein kleiner Spind, in dem die Habseligkeiten ihren Platz fanden.

Arrest

Es war eigentlich kein besonderer Tag, dieser 31. Oktober. Viel zu grau und viel zu lang wie alle Tage hier. Erziehungsbereich 8 rückte nach der Freistunde, den müden immer gleichen Dämmerkreisen auf dem Hof, zur Spätschicht aus. Das Ende dieser Hofpause war beinahe eine Erlösung, denn bei dem nasskalten Wetter war uns vom Hirn bis in die Zehen eisig. Es war noch kein Winter befohlen. Auf dem Weg zur Arbeitshalle kamen wir immer an dem gespenstisch drohenden Bau mit den Milchglasfenstern vorbei, in dem die Arrestzellen lagen. Das hob die Arbeitsmoral ins Unermessliche.

In der Arbeitshalle, in die wir in dieser Woche an jedem Nachmittag bis zum späten Abend kommandiert wurden, war es immer warm, bis auf die steinernen Gesichter der Zivilmeister, die eine gleichbleibende unbeteiligte Kühle beherrschte. Ich habe mich oft gefragt, was in diesen Männern vorgeht, die sich Tag für Tag zu ihrer Schicht in den Knast schließen ließen, und von den Insassen, die sie zu beaufsichtigen hatten, wussten, dass sie potenzielle Ware für den Westen waren. Wie jeden Tag holte ich mir das Material für mein Arbeitspensum, eine Kiste im Druckgussverfahren gestanzter Kameragehäuse, die mit einer Art Messer an den Rädern entlang zu entgraten waren. Es gab verschiedene Ausführungen dieser Gussgehäuse, die je nach Anzahl und Länge der Kanten mit einer bestimmten Stückzahlnorm pro Schicht versehen waren. Wurde diese Norm nicht erfüllt, drohte Arreststrafe.

Besonders schwer war die Norm zu erfüllen, wenn ein neues Werkstück bearbeitet werden musste. Das bedurfte einer längeren Einarbeitungszeit.

An diesem Tag war alles wie sonst auch. Das monotone Hämmern der Stanzen, das Quietschen von Metall auf Metall, der Geruch von Schweiß und Eisenspänen und die grauen lustlosen Gesichter der Häftlinge.

Die sogenannten Langstrafer leisteten sich wie üblich Zigarettenpausen. Sie schafften die Norm meist in drei Vierteln der Zeit, was ihnen das Rauchen und den Spott über das »Frischfleisch«, wie wir als Neuzugänge genannt wurden, erlaubte.

Wenn das Messer mit leisem Quietschen über die Metallkanten fuhr, stellten sich die üblichen Gedanken ein, dieses Gemisch aus Trübsinn und schwarzer Zuversicht, mehr war nicht zu haben. Keine Spur von dem platten Lied, das man draußen so pathetisch gesungen hatte: »Die Gedanken sind frei.« Hier drinnen hatte es den sarkastischen Übersetzungsfehler und klang nach »Arbeit macht frei«.

An diesem Tag gab es ein neues Gehäuse. Es war schwer zu bearbeiten, weil es kaum gerade Kanten hatte. Ich hatte Angst vor dem Knast im Knast und tat, was ich konnte. Die Norm war nicht zu schaffen.

Als die Schicht gegen 22.00 Uhr zu Ende ging, fegten wir die Tische ab. Die Kleidung war von Metallspänen übersät, die Hände waren verklebt und ölig. Mit kaltem Wasser und Scheuersand wurde das Gröbste beseitigt. Nach dem Rückschluss in die Zelle begann der Ansturm auf das einzige Waschbecken für vierzehn Insassen, mit dem Restdreck lebte man von Woche zu Woche. Mittwochs gab es Massenduschen. Am anderen Morgen wurden wir früher als sonst geweckt. Der Erziehungsbereichsleiter mit Namen »Ledertasche« stand persönlich in der Zelle, was nichts Gutes bedeutete.

Ungewaschen und ohne Frühstück wurden wir ins Erdgeschoss kommandiert. Dort pferchte man uns in kleine Boxen von Latrinengröße, je vier, stehend.

Mann für Mann wurde einzeln zum Verhör herausgeschlossen. Offensichtlich war auch von den anderen die Arbeitsnorm nicht erfüllt worden.

Die Aufseher hatten Streik vermutet und an den Offizier gemeldet. Nun wurde ein Rädelsführer gesucht. Dieser wurde exemplarisch und besonders empfindlich bestraft.

Als die Reihe an mich kam, war ich durch diese Vermutungen ganz gut vorbereitet. Ich hatte sogar so etwas wie ein reines Gewissen, denn ich war so auf meine Arbeit konzentriert gewesen, dass ich den offensichtlichen Unmut der Alteingesessenen gar nicht bemerkt hatte. Ich wurde in einen Raum geführt, in dem »Ledertasche« über einen riesigen Schreibtisch schaute. Zwei Wachpolizisten postierten sich auf Handzeichen, einer hinter meinem Rücken, der andere seitlich. Über der Ecke des Schreibtisches lag jenes gefährliche Instrument, das ich bisher nur aus den Erzählungen der anderen Häftlinge kannte. Im Jargon wurde es »Totschläger« genannt. Eine antennenartig ausziehbare Schlagwaffe, an deren Ende sich eine Metallkugel von etwa drei Zentimeter Durchmesser befindet. Dieser Anblick verfehlte seine Wirkung nicht.

Vor den lächerlichen Zwerg hinter dem Schreibtisch schob sich einen Augenblick lang die Vorstellung eines zerschundenen Rückens. »Sie haben zum Streik aufgerufen!«

Mit gewohnter Plumpheit begann das Verhör mit dem Direktangriff. Dann folgte die »psychologische« Pause, deren Dauer endlos wirkt. »Was wollen Sie mit dieser Aktion erreichen? Die Einzigen, die hier etwas erreichen, sind wir! Sie haben der Volkswirtschaft Schaden zugefügt. Dafür blüht Ihnen die Verlegung ins Untersuchungsgefängnis mit dem Ziel eines neuen Urteils, das auf Nachschlag lautet, der sich gewaschen hat! Sie wären nicht der Erste, dem kein Anwalt und (*grinsend*) in Ihrem Falle auch kein lieber Gott da heraushilft, wo wir Ihnen hineinhelfen!«

»Ich …«

»Sie sind nicht gefragt! Es hat hier schon welche gegeben, die wollten Führers Geburtstag feiern. Die feiern ihren eigenen Geburtstag immer noch in einer komfortablen Einzelzelle! Sollten Sie Ihr Verhalten, das zu einer Schädigung der sozialistischen Errungenschaften, einer Beeinträchtigung der Moral und zu einem empfindlichen Rückfall in der Umerziehung der Strafgefangenen geführt hat, bereuen, können Sie sich bei mir melden lassen. Reuige Sünder kommen eher in den Himmel. Das Verhör ist beendet. Abführen!«

Ich verstand gar nichts, hielt das aber für die übliche Routine. So war jeder von uns beschuldigt worden. Die Anspielung auf Hitlers Geburtstag blieb allerdings völlig rätselhaft. Ich wurde in die Zelle geführt. Der Wachsoldat herrschte mich an: »Packen Sie Ihre Sachen!« Ich musste meinen Spind leeren.

Für die privaten Habseligkeiten bekam ich einen Plastiksack. Sie bestanden aus einer Pfeife, einem wohlgehüteten Rest Tabak,

einer Kugelschreibermine, einigen Bögen Papier mit Kontroll-
stempel, einem Foto von Tine und der Bibel. Dazu kamen die
drei Briefe, die man besitzen durfte (weitere Post wurde nur im
Austausch ausgehändigt). Arbeitskleidung, Nachthemd und die
vorschriftsmäßige Anzahl an Unterwäsche und Socken musste
ich auf dem Boden vorzählen. Mit geschultertem Bündel wurde
ich in den Arrestteil geführt. Mein Dasein als Schatten hinter der
Milchglasscheibe war gesichert. Die Galerie mit den Zellentüren
unterschied sich nicht von den anderen Fluren. Das war beru-
higend. Mein Privatbündel wurde einem Häftling übergeben, der
hier seinen Dienst als Kalfaktor ausübte. Ein widerliches Amt:
Der Inhaber wird von den Gefangenen zum Personal gerechnet.
Nur unerfahrene Gefangene wechseln dann und wann ein Wort
mit ihm, da zu seinen Aufgaben Spitzeldienste gehören.

Schweigend verschloss er die Privatsachen in einem Spind auf
dem Flur. Der Wachsoldat schloss mich in eine der Zellen ein.
Ich musste mich vollständig entkleiden. Nach einigen Minuten
schaute er durch den Spion und ließ mich dann völlig nackt auf
den Flur hinaustreten. Anstelle der bisherigen Kleidung bekam
ich eine Garnitur langer Unterwäsche, eine weitere wurde auf
dem Flur in den Spind geschlossen. Dazu kam ein alter Militär-
mantel für die »Freistunde«. Ich wurde wieder in die Zelle geschlossen.

Der Raum von etwa fünfzehn Quadratmetern übertraf alle
triste Vorstellungsgabe. Etwa einen Meter von der Fensterwand
war ein Gitter angebracht, das über die ganze Höhe und Breite
des Raumes ging. Ein weiteres Gitter verlief an der gegenüberliegenden Wand, etwa zwei Meter tief im Raum. Es trennte von
Tür und »Nassteil«, der aus Toilette und Waschbecken bestand.

An der linken Längswand war eine Pritsche hochgeklappt
und fest geschlossen, rechts ein Hocker in der Wand verschraubt.
Einziges bewegliches Mobiliar war der rostige Kübel, in den man
tagsüber seine Notdurft verrichtete.

Nach einigen Minuten öffnete sich die Tür, ich bekam Seife, Zahnbürste und Handtuch, deponierte es auf der Ablage über dem Waschbecken und wurde dann in den Käfig geschlossen.

Das war der Arrest. Ich setzte mich auf den Hocker und bedauerte den Kübel, der mit mir den Käfig teilte.

Ich hielt die Arretierung für einen vorübergehenden Irrtum, der sich aufklären müsste.

Der Glaube an Irrtümer ist im Gefängnis besonders haltbar. Irgendwann lernt man, dass auch dieser Glaube ein Irrtum ist. Ich versuchte mich auf dem Boden auszustrecken. Der Boden war zu kalt. Bald kletterte ich wie ein Affe an den Gittern auf und ab. Zuletzt lief ich Kreis um Kreis.

Weder Bücher noch Zeitungen waren zugänglich, nur der eigene Kopf drehte sich um sich selbst.

Einer Art Instinkt folgend hatte ich in der Untersuchungshaft Tag für Tag Texte auswendig gelernt und spulte den Fundus der gepaukten Erinnerung ab.

Was ohne diese Texte aus mir geworden wäre, weiß ich nicht. Abends brachte der Kalfaktor einige Scheiben trockenes Brot und ein Sternchen Margarine in die Zelle. Den übel riechenden Tee goss ich in den Kübel und nahm abends und morgens Leitungswasser zu mir. Eine Viertelstunde nach dem »Essenfassen« wurde das Gitter aufgeschlossen.

Ich musste allabendlich an das Gitter treten und melden: »Strafgefangener Achtundzwanzig, Meuterei, bereit zur Nachtruhe, keine Vorkommnisse!«

Die Zelle wurde von den Schließern auf Fremdgegenstände untersucht, und die Pritsche wurde heruntergeschlossen.

Inzwischen war der Kübel in die Toilette zu leeren, die eine Garnitur Unterwäsche unter den Augen der Wächter gegen die andere zu wechseln, dann zehn Minuten »erweiterter Bereich«. Die Zeit wurde zum »Telefonieren« genutzt.

Zu diesem Zweck schöpfte man mit dem Zahnputzbecher das

Wasser aus dem Toilettenabfluss ins Waschbecken und konnte sich durch das Rohr mit einem benachbarten Arrestinsassen verständigen, der ebenfalls »entschwemmt« hatte.

Nach dem Einschluss in den Käfig wurde das Licht gelöscht. Das Liegen tat gut nach dem Tagesmarsch.

So ging es Tag um Tag, Woche um Woche. Kontakt zu anderen Menschen gab es nicht.

Die Freistunde vor dem Mittagessen, das meist aus undefinierbaren Suppen bestand, fand in einem Betonkabuff statt, das nach oben offen war und etwa fünf mal fünf Meter groß war. Nur der Wachturm war zu sehen, manchmal die Sonne, selten ein Vogel. Das Räuspern aus den Nebenzellen war die einzige Unterhaltung.

Das Schlimmste an dieser Bestrafung war, dass alle Post, die mich erreichen sollte, ohne Begründung an den Absender zurückging. Ebenfalls abgesagt wurde der Sprechtermin mit einem Angehörigen, der für mich als Langstrafer alle acht Wochen genehmigt war. Zwischen dem letzten Besuch meines Vaters und dem nächsten würden demnach sechzehn Wochen liegen. Für die Zeit des Arrests war die Teilnahme am Gottesdienst, der alle vier Wochen stattfand, untersagt. Warum es mich erwischt hatte, sollte ich erst später erfahren. Meinem Vater war der Gesprächstermin mit der folgenden Begründung abgesagt worden:

»Der Strafgefangene S. hat am 31. Oktober zur Arbeitsniederlegung aufgewiegelt. Da es den sogenannten ›Gedenktag der Reformation‹ in der DDR nicht als gesetzlichen Feiertag gibt, hat er gegen das Gesetz verstoßen und befindet sich im Arrest. Das Recht, Besucher zu empfangen, hat er sich selbst genommen. Über die Konsequenzen seiner Handlungsweise war er informiert.«

Jeder Arbeitsniederlegung im Gefängnis wurden politische Motive unterstellt. Für die Suche nach solchen Motiven lag der Kalender nahe. Beliebte Feiertage, an denen Häftlinge bummelten, waren der 17. Juni oder eben Hitlers Geburtstag. An solchen Tagen achtete das Personal verstärkt auf die Häftlinge. Der Blick auf den Kalender wies den »Reformationstag« als offensichtlich neuen subversiven Termin aus und gab gleichzeitig Auskunft über den möglichen Rädelsführer. Der einzige Theologiestudent im ganzen Bau ließ religiösen Heroismus vermuten.

Durch die Umstände war ich allerdings der Letzte, der über das Datum im Bilde war: In meinen Bemühungen, gerade keine Tage zu zählen, kam mir das Verbot von Uhren und Kalendern entgegen. Ich hatte in der selbst verordneten Zeitvergessenheit wirklich alles andere im Kopf, als Luthers Thesenanschlag zum Anlass der Buße werden zu lassen.

Wer singt schon gern »Ein feste Burg« in einer festen Burg? Meine Freunde und Bekannten draußen bewunderten inzwischen mein Märtyrerdasein als evangelisches Zeichen in einer Welt von Teufeln! Beide – fremde Freunde und vertraute Bewacher – hatten mich überschätzt.

Die einen bauten auf meinen Heldenmut, die anderen meinten, meinen protestantischen Widerstandsgeist brechen zu müssen. Ein Opfer der Reformation? Jedenfalls der Reformation kein Opfer.

Nichtarbeiter

Nach dem Arrest wird mir eine besondere Art der Nachbestrafung zuteil. Ich werde auf »Nichtarbeiter« verlegt. Da das »Recht auf Arbeit« eine Vergünstigung ist, dürfen die Leute, die hier auf engstem Raum zusammenhocken müssen, sich langweilen. Wieder einmal sind Stift und Papier verboten, das »Neue Deutschland« bleibt aus, Bücher können nicht entliehen werden. Die Bibel gibt es auf Anfrage mittwochs zwischen 15.00 und 17.00 Uhr. Über den Gottesdienstbesuch kann mir keiner

Auskunft geben. So was ist hier noch nie beantragt worden, teilt man mir mit.

Morgens um sechs ist wie auf den anderen Kommandos Wecken. Päckchen bauen, Laken auf Kante, Zelle säubern. Ordnung muss sein. Dann beginnt die große Langeweile. Liegen ist verboten. Die besondere Qual bei dieser Art von Unterbringung soll darin bestehen, dass die Leute sich nach kurzer Zeit gegenseitig zerfleischen. Sicher gelingt das in den meisten Fällen. Jeder Neue erzählt von Haus und Hof und Pferd und Wagen, bis auch das langweilig ist. Dann schweigt man sich an, bald kann man sich nicht mehr hören, zuletzt nicht mehr riechen. Jeder ist dem anderen zu viel. Man macht sich Luft. Am Ende gönnt keiner dem anderen die Sonne.

Ich genieße es erst einmal, nicht Kameragehäuse entgraten zu müssen. Ich habe einen Bogen Packpapier aufgetrieben und meine Pfeife gegen eine Kugelschreibermine getauscht. Mit dem Rücken zur Tür sitze ich und schreibe alles auf, was ich auswendig gelernt habe. Der Bogen wird in kleiner Schrift mit der gepaukten Erinnerung gefüllt und unter dem Laken versteckt. Dennoch erscheinen die Tage verwartet, ausgehöhlt, leer und beginnen zu stinken.

»Transport«

An einem Tag Ende November will einer erfahren haben, dass in der Kleiderkammer die ganze Nacht Licht gebrannt habe. Das wird immer als ein sicheres Zeichen für »Transport« gewertet. Die »Effekten«, Habseligkeiten der Häftlinge, die sie bei der Verhaftung bei sich hatten, werden für die Entlassung zusammengestellt. Dafür wird eine Nachtschicht eingelegt.

Eine solche Nachricht bringt den gesamten Knast in Aufruhr. Jeder hofft still für sich, dass er dabei ist. Ich rechne mir aus, dass für mich eine Entlassung nicht in Frage kommt. Ich habe knapp vierzehn Monate hinter mir. Noch nicht einmal die Hälfte des Strafmaßes ist damit abgegolten. Das ist aber das Mindestmaß, das jeder hier absitzt. Den Glauben an Wunder im Blick auf die Zukunft haben sie mir gründlich ausgetrieben. Zwar wird hier jeden Monat einmal von irgendeiner Amnestie geredet, die ganz sicher erfolgen müsste – Gründe dafür finden sich immer. Ich will mir aber den Bauch nicht mit falschen Hoffnungen vollschlagen.

Am anderen Morgen geht gegen fünf Uhr das Licht an. Es schließt. »Strafgefangener Storck, Sachen packen!«

Der Schließer steht in der Tür und macht auf seiner Liste einen Haken. Blöder Traum, denke ich, das Erwachen wird entsetzlich. Das Licht bleibt an.

»Ich?«

»Ja, Sie!«

Ich begreife nicht. Es kann ja nicht wahr sein.

»Beeilung!«, sagt der Schließer, »in einer Viertelstunde werden Sie abgeholt.« Er legt einen Plastiksack auf den Tisch. »Für Ihre persönlichen Sachen. Alles andere in eine Decke einrollen!«

Ich nehme die beiden Briefe und das Bild von Tine, verschenke meinen Tabakrest und die letzte Pfeife an die Kameraden. Über den Zellenhof hört man Rufe. »Transport!«

Aus vielen Zellen werden Namen gerufen, letzte Grüße ausgetauscht. Ich reiße das Fenster auf und rufe Rainer, den Zellenkameraden vom EB8.

Die Adresse seiner Eltern habe ich auswendig gelernt. Ich habe versprochen, ihnen zu schreiben.

Dann nehme ich mein Bündel und folge dem Schließer klopfenden Herzens. Der Schließer bringt mich über den Flur zur Dusche, dann zu den Effekten. Ich nehme einen Karton in Empfang und zähle meine Sachen auf den Tisch: zwei Paar hohe Schuhe, vier Paar Socken, Unterwäsche, zwei Nachthemden,

Filzlatschen, Waschzeug. Ich bekomme einen Karton, auf dem mein Name steht.

Gegen sieben Uhr werden wir in einen geschlossenen W50-Lkw verladen, ohne Fenster, innen durch den üblichen Käfig aufgeteilt. Ein Pack Brote mit Margarine und »Sachsenspeck«, einer kaum genießbaren Sülze, und Blutwurst wird jedem ausgehändigt. Fröhliche Gesichter der etwa zwanzig Kameraden. Keiner meiner Bekannten ist dabei.

Wir fahren nach Karl-Marx-Stadt in die »Abschiebe«, die letzte Station in diesem Land. In die Freude mischt sich Furcht: Noch sind wir nicht raus.

Folter

Mir fällt B. ein. Ein sehr stiller, angenehmer Mensch, etwa dreißig. Wie ich erfahren habe, ist er Arzt. Er wurde bei einem Fluchtversuch geschnappt und ist schon drei Jahre hier. Weil er sich geweigert hat, als Sanitätshelfer zu arbeiten, hat man ihm eine der schwersten Arbeiten in der Gießerei zugeteilt. Ende vorigen Jahres war er auf »Transport« gekommen. In Karl-Marx-Stadt untersuchte ihn der Arzt auf Reisefähigkeit. Er wurde fotografiert, seine Papiere vorbereitet. Nach drei Wochen quälenden Wartens wird er plötzlich allein aus der Zelle geschlossen.

Im Zimmer des Anstaltsleiters erwarten ihn vier Posten. »Sie gehen zurück nach Cottbus. Ihre Haftentlassung wurde verschoben.«

Er bekommt im Handumdrehen Handschellen, wird sofort in einen Kleintransporter verladen. Nach einer entsetzlichen Höllenfahrt findet er sich in den Katakomben des Zuchthauses Cottbus wieder. »Roter Terror« nimmt ihn mit genüsslichem Grinsen in Empfang.

Abschiebe

In Karl-Marx-Stadt werden wir von Offizieren in Empfang genommen. Offiziere bringen uns das Essen, die Rasierschüsseln, Offiziere auf der Brücke über den Freistundenbunkern. Niederen Dienstgraden mutet man den Umgang mit dem devisenträchtigen Exportartikel, der wir jetzt sind, nicht zu. Diese seltsame Ehrung wird durch eine Steigerung ergänzt, die sich niemand vorstellen konnte: Das Essen ist noch schlechter als im Zuchthaus Cottbus.

Seltsame Parallele: Am Mittwochnachmittag bringt ein Major die Bibel und holt sie nach zwei Stunden wieder ab.

Wir liegen zu sechst auf der Zelle, jeder richtet seine Zukunft ein. Der eine mit Ikea-Möbeln, der andere mit Reiseplänen. Ein Dritter will erfahren haben, dass man mit dem Haftentlassungsschein in Gießen zum freien Eintritt in ein Bordell seiner Wahl berechtigt ist. Natürlich kennt jeder den Westen wie seine Westentasche.

Diese siebzehn Tage dauern länger als die vierzehn Monate vorher. Meine Hauptbeschäftigung ist es, die Angst zu verscheuchen, dass Tine nicht dabei ist. Hoffentlich liegt sie in einer der Zellen! Hoffentlich geht es mir nicht wie B.

Nach zehn Tagen werden wir ärztlich untersucht und gefragt, ob wir in der Lage wären, »eine längere Reise anzutreten«.

Ein Passbild wird gemacht.

Jeder bekommt ein Formular ausgehändigt:

»Antrag auf Entlassung aus der Staatsbürgerschaft der DDR«.

Als wäre dieses Formular das Normalste von der Welt.

Eines Morgens bekommen wir unsere Zivilsachen ausgehändigt.

Sommersachen. Sie riechen noch nach dem Schweiß der Verhandlung.

Ein Packen Briefe, meine Armbanduhr, der Ehering gegen Unterschrift.

Schuhe mit Schnürsenkeln.

Wir werden gezwungen, von dem Geld, das uns geblieben ist – es ist bei keinem viel –, Einkäufe zu tätigen. Alles muss ausgegeben werden. Der Tag wird von Zigaretten und Keksen erdrückt. Geräucherte Langeweile wird von Bauchschmerzen abgelöst.

Kurios ist, dass ich mir noch ein neues Hemd kaufen muss. Das Hemd, das ich bei meiner Verhandlung trug, ist durchgeschwitzt und verschmutzt, wie ich es vor Monaten auszog. »Mit dem Hemd können Sie nicht ausreisen«, sagt der Offizier. Wir duschen das letzte Mal mit ihrem Wasser.

»... werden wir sein wie die Träumenden«

Endlich werden wir einzeln auf einen Flur geschlossen: Das Herz schlägt bis zum Hals.

Prunkvoller Jugendstil mit bunten Kacheln und einer Freitreppe zum Hof. Ein Posten, der gegen die Sonne, die sich in dem bunten Glas des Fensters bricht, nur schwer auszumachen ist, ruft Namen und Geburtsdatum :

»Storck, Matthias, 18.8.56«, hallt es gespenstisch.

Ich sage leise: »Ja.«

Das ist die Entlassung aus der Staatsbürgerschaft der »Deutschen Demokratischen Republik«. Es tut kein bisschen weh. Mit einer Handbewegung weist er mich an, die Treppe hinabzugehen.

Ein Bus mit getönten Scheiben und westlichem Kennzeichen wird sichtbar. Die Nachmittagssonne blendet. Ein Posten fordert mich auf, einzusteigen. Von den vier Ecktürmen drohen noch einmal Maschinenpistolen.

Der Bus steht mit laufendem Motor. Die Minuten sind mit Ewigkeit angereichert, bis das Alphabet der Einsteigenden zu Ende ist. Ich suche Tine, sehe sie hinten im Bus, will auf sie zustürzen. »Sie nehmen vorn Platz«, schreit es von vorn. Der Menschengroßhändler Wolfgang Vogel genießt es, ein letztes Mal für Ordnung zu sorgen. Er hält eine bittere Rede. »Wenn Sie im Westen ein Sterbenswörtchen über diesen Freikauf verlieren, wird kein Bus mehr diesen Gefängnishof verlassen. Dafür werde ich ganz persönlich sorgen!«, droht er uns.

Der westliche Unterhändler Stange, gegen den Vogel seltsam blass und klein wirkt, ist ebenfalls im Bus. Als Vogel seine Ansprache beendet hat, gratuliert er uns, dass wir soeben aus einer Staatsbürgerschaft entlassen worden sind, »die es ja gar nicht gibt«.

Das Eisentor vor uns schiebt sich quietschend auf: Autos, Menschen, eine verschneite Landschaft tauchen aus der Versunkenheit auf. Vogels blauer Mercedes verlässt den Hof, dann rollt der Bus. »*Wenn der Herr die Gefangenen Zions erlösen wird, werden wir sein wie die Träumenden.*«

Nach-
geschichten

Karierte Wolken

Immer wieder Tine! Ich kann mich nicht sattsehen. Aber ich kann auch nicht glauben, was vor Augen ist. Schon seit Stunden. Die Wangen tun weh vom seligen Lächeln. Nur langsam wird die Sehnsucht zur Wirklichkeit. Wir dürfen endlich miteinander reden und merken schnell, dass das Schwerste am Schweigen das Aufhören ist. Immer wieder sagen wir »neulich« und meinen vierzehn Monate alte Erinnerungen. Seit dem Frühstück vor der Verhaftung das erste Brötchen, die erste Butter. Die erste Westwurst. Nach der Ewigkeit aus Margarine und Schwarzbrot rebelliert der Magen energisch.

Gießen. Die erste Stadt. Die Ampeln sind viel heller als im Osten. Autos über Autos. Alles ist mit Lichterketten geschmückt. Der Advent leuchtet bunt. Farben, die wir noch nie gesehen haben. Die Sauberkeit springt in die Seele. Die ersten Westmenschen in der Erinnerung tragen Lodenmäntel. Die meisten in unserem Bus sehen dagegen aus, als kämen sie aus einem Sommerurlaub ohne Sonne.

Das Auffanglager hat eine Schranke. Wir steigen aus. Das erste Mal nehmen wir westlichen Boden unter die Füße. Der erste Baum. Alles ist anders.

Die »Empfangshalle« enttäuscht. Stühle wie in einer Ostschule. Wir bekommen Kaffee. Die erste Porzellantasse. Sieht nicht besser aus als die letzte. Angeschlagen. Aber der Kaffee!

Ein Anwalt hält eine Rede, der niemand folgt. Tines Hand. Immer noch. Jeder bekommt fünfzig Westmark und ein Aufnahmepapier mit echtem Bundesadler. Wir werden »eingewiesen«. Das erste Bier. Eine Plastiktüte enthält Zahnbürste und Westseife, das Westhandtuch sieht aus wie ein Osthandtuch. Riecht aber besser.

Der Wasserkran hat keine Hähne, sondern Hebel. Warmes

Wasser auf der Haut. Wir duschen und duschen vor der ersten Nacht im Gießener Federbett.

Träume wie im Traum. Wieder bunt. Hinter jeder Farbe die Angst vor Graugrün. Ich glaube kein Wort, kein Bild, keinen Atemzug. Nur noch, was ich anfassen kann. Dauernd träume ich, dass Tine neben mir liegt. Als ich aufwache, ist sie immer noch da. Kein Lichtwurf, kein Auge am Spion. Weiterschlafen.

Erst als die Schlüssel wieder singen, die Schritte auf dem Flur bedrohlich lauter werden und die Riegel krachen, erst als das Desinfektionsmittel beißt und in der lauwarmen Suppe Wasser und Öl kämpfen, erst als das Neongespenst mich wieder hochreißt, wache ich endgültig auf – schweißgebadet.

Als die Flügel der Morgenröte im Osten hochkommen, lächelt Tine im Schlaf.

Jetzt weiß ich, dass ich angekommen bin. Endlich im Westen. Am Ende der Behördenschlange nimmt das Bundeskriminalamt einen Fingerabdruck. Noch sind wir vorbestraft.

Nach Metern von Aufnahmeformularen gehen wir in die Stadt. Supermarkt des Lebens. Erdbeeren im Winter. Blumenläden mit echten Blumen. Buchläden voller verbotener Bücher. Nicht an der neuen »Caritas«-Garderobe, an der ersten Frage erkennt man uns: »Haben Sie vielleicht …«

Endlich das Ticket nach Berlin. Auf dem Frankfurter Flughafen tun uns die Augen weh. Alles ersäuft im bunten, fremden Licht: Menschen, Menschen, Farben, Farben, Farben!

Mühsam finden wir unsere Maschine. Von oben sieht Frankfurt ganz normal aus.

Die Landschaften der Vergangenheit liegen zu tief, um nach uns zu greifen.

Berlin wächst uns aus dem Nebel entgegen. Die Stadt hat einen Dämmerhimmel aus Stahl. Schwarzrotdreckiggelb färbt sich der Osten. Der Fernsehturm droht. Die Mauerwunde leuchtet. Im Norden nehmen wir Pankow unter die Tragfläche.

Die Käfige der U-Haft werfen ihre Fangnetze nach dem Silbervogel. Niemand hier oben sieht die karierten Wolken.

»Nichts ist, wie es ist.« (Shakespeare)

Reisen in die Vergangenheit

Es ist keine leichte Sache, von hinten anzufangen, aber mit dem Leben muss man es gelegentlich – auch wenn es im Buche Gottes keine Korrekturen gibt. Längst sind die dunklen Sterne, unter denen ich antrat, erloschen. Sie brannten und versengten mir Zunge und Herz. Wie bei vielem am Firmament handelte es sich um eine Illusion, eine Lebenslüge, die viel »Seelengeld« gekostet hat. Die Teilung Europas, die Teilung Deutschlands verlief ja mitten durch meine Menschenbrust – das, was da jetzt zusammenheilen will, muss erst in mir heilen. Ich weiß nicht, welche Folgen es noch haben wird, dass dieser Kontext meines Lebens, auf den ich mich eigentlich eingerichtet hatte, nun eine freudige Leere hinterlässt. Die Einheit Deutschlands wagte ich nicht zu erhoffen für die kurze Spanne meines Erdenlebens. Nun ist die Mauer gefallen und das ganze System, das sich darin hielt, zusammengerutscht wie ein Kartenhaus.

»Nichts ist, wie es ist«, sagt Shakespeare, das heißt vielleicht auch, dass nichts so war, wie ich es gesehen habe.

Wenn mein Blick jetzt die verfallenen Häuserfassaden der Orte meiner Vergangenheit gestreift hat, wenn ich in der Zelle stand, in der Christine gesessen hat, wenn ich Greifswald nicht wiedererkannte, weil die Stadt aussah wie nach einem Bombenkrieg, dann war meine Erinnerung auch verfärbt wie abgefallenes Herbstlaub – es war schon so. Ich erinnere mich meiner Verzweiflungen, der Ausblicke, der Hoffnungen, wenn ein Flugzeug der »PANAM« über die Box flog, in die wir in der Pankower Stasi-U-Haft zur Freistunde eingesperrt waren, über uns auf dem Steg den Bewacher mit Maschinenpistole und Kindergesicht. Die Erinnerung tut weh, weil sie lügt. Ich weiß ja, dass ich verkläre, korrigiere, dass ich es anders nicht ertragen könnte. Wenn ich an Cottbus denke und daran, dass mir der sogenannte »Sani« so lange ins Gesicht geschlagen hat, bis ich aus Mund und Nase blutete, wenn ich an den Knüppel des Schergen aus der Aufnahme denke, an die Wucht, mit der er auf meinen Rücken niedersauste, glaube ich schon, dass der Schmerz anders war, ganz anders als in der Erinnerung. Wir haben für diese Dinge einfach keine Worte, nicht einmal ungetrübte Blicke.

Ich schreibe es auf, weil jetzt auch die Pfeiler der Erinnerung gestürzt sind. Ich weiß nichts mehr von der Knechtschaft, weil ich den Stecken des Treibers nicht mehr vor Augen habe. Die Fron, die für die Ewigkeit gemacht war, starr wie ein Monument in die Wirklichkeit gemauert, ist plötzlich abgeschüttelt.

Am Ende werden sich auch in meinen Sehnsüchten und Rückblicken die Fleischtöpfe Ägyptens füllen – mit dem »Sachsenspeck« oder der Blutwurst, die ich in Cottbus nicht aß, die aus den Mülltonnen quoll, weil sie nicht einmal die Schweine fraßen.

Ich spüre, dass ich das Joch noch auf den Schultern habe. Die Einheit Deutschlands wird mit Schwäche und Schweigen bezahlt, es gibt keine Trauer, es gibt nur Murren, alles wird unter den Teppich gekehrt. Ich möchte darüber nicht stolpern, ich schreibe mich gesund – ich möchte mich nicht gesund lügen.

Schade, es ging gut, zehn Jahre durften wir die Landschaften der Vergangenheit nicht betreten.

Nun kommt alles hoch wie ein Vulkanausbruch: Wir müssen uns den vergessenen Gesichtern stellen.

Nichts ist, wie es ist! Was war es?
Was ich nachts auf Lebenslauer

zwischen meine Hoffnung pflanzte,
klebt im nassen Schnee von gestern.

Riss das Neonungeheuer
mir um sechs Dein Engelantlitz
von den Lidern, tauschte Sehnsucht
gegen starre Knastgrimassen?

Gab's zu Schwarzbrot Marmelade?
Mischte ich aus Brot und Wasser
Fusel voller Heimweh? Brach ich
nie ein Lied aus Glasbausteinen?

Gab's im Frühjahr nichts, was welkte?
Keine Eiszapfen im Sommer?
War der Herbst nie heiß?
Dann lass mich weiter meine Heimat *träumen*.

Spurensuche im Zuchthaus Cottbus

Früh um sechs Aufbruch nach Berlin, Ostwestfalen im frischen Morgenlicht, der Himmel wird in Fahrtrichtung trüb, Fahrt über die Avus, der Westen leuchtet bunt. Stau und Gestank, überfüllte Straßen, nervöse Leute – Ost und West mischt sich in Automarken. Wir verlassen Berlin, ohne es noch zu merken. Keine Sperranlage, nicht einmal der Rest einer Mauer irgendwo, schon sind wir mitten in der märkischen Sandbüchse.

Über Landstraßen durch verschlafene Dörfer holpernd, die sich in den letzten vierzig Jahren nur unwesentlich verändert haben, gelangen wir nach Cottbus. Das Ziel unserer Rückfahrt ist die Erinnerung, der Stachel, der mir im Fleisch sitzt, das Gefängnis in der Bautzener Straße. Cottbus. Ein Name, der ähnlich wie Bautzen ein Symbol bleibt. Symbol durch ein Gefängnis, in dem abgeurteilte politische Gefangene auf ihren Verkauf in den Westen warteten.

Namen, die keiner löscht, eingebrannt in die Erinnerung, in die Steine und in manche Rücken: »RT = Roter Terror«, »Arafat«, »Kjeld«, »Ledertasche«, die Schläger vom Dienst. Mindestens einen aus dieser »Schlägerbande« hat jeder Gefangene gleich bei seiner Ankunft hier kennengelernt: »RT«.

Roter Terror, alle gingen durch seine Hände, mussten an seinem Knüppel vorbei, er war der »Empfangschef«. Von seiner Abteilung aus wurden die Häftlinge auf die Arbeitskommandos verteilt.

»Roter Terror«

Er ist ein großer, eher harmlos ausschauender Wachoffizier. Er hat weißes, streng nach hinten gebürstetes Haar, eine Hornbrille, Hände wie Schaufeln. Auffällig sind die Trauerränder unter den riesigen, schlecht geschnittenen Fingernägeln. Er soll uns beibringen, nach welchen Regeln es hier zugeht. Seine Lektionen erteilt er sehr langsam, gewählt, mit Genuss und Präzision. Er holt uns in den »Katakomben« ab, einem feuchten Kellergewölbe, in dem wir für die erste Nacht zusammengepfercht waren. Einer der Mitgefangenen, ein Arzt aus Rostock, erregt sein Missfallen auf den ersten Blick: Er ist ein besonders feinsinniger Mensch mit aristokratischem Einschlag. Am Morgen nach dem Aufstehen hatte es ihn schon besonders gequält, sich nicht rasieren zu können. So bindet er sich wenigstens die Krawatte um, mit liebevollem geübtem Schwung. Da er keinen Spiegel hat, fragt er mich, ob sie richtig sitze. Offensichtlich wollte er ein letztes Mal wie ein Mensch aussehen – wir anderen steckten ja schon in den ausgetragenen Kartoffelkäferuniformen, braun mit gelben Streifen, die von solcher Hässlichkeit sind, dass jedes Auge beleidigt sein musste von einem derartigen Anblick. »Roter Terror« in seiner blauen Uniform, NVA-Schnitt, gibt einen seltsamen Kontrast zu dem sonntäglich geputzten Doktor ab. Er beäugt ihn eine Weile misstrauisch, wendet sich dann ab. Mit knarrender Stimme ruft er etwa zwanzig Namen auf und befiehlt uns, an der Tür in »Reih und Glied« anzutreten. In Reihen zu je zwei Leuten führt er uns aus dem Keller auf den Hof. Die plötzliche Helligkeit schmerzt. Als der Doktor dann auch noch mit unübersehbarer Würde über den Hof schreitet und sich der Sonne freut, lächelnd wagt, einem Mitgefangenen zuzuwinken, der hinter einem der Gitterfenster klebt, rennt der baumlange Wächter auf ihn zu und schlägt mit ganzer Wucht auf den Rücken des Gefangenen ein. Uns stockt der Atem über diesen Ausbruch von Brutalität. Der Nebenmann zieht den Doktor vom Beton herauf.

In der Aufnahmezelle ergötzt sich »RT« daran, uns unsere Hoffnungen zu zerstören. »Cottbus galt bisher als Sprungbrett in den Westen. Keiner von Ihnen wird jemals den Sumpf des Kapitalismus erreichen. Damit ist es endgültig vorbei. Sie werden alle Ihre Jährchen absitzen. Wir werden Ihnen beibringen, wie der Sozialismus zu siegen weiß, auch über solches Gesindel wie Sie!«

Nach seiner Rede werden wir zum Exerzieren geführt. Die Sonne taucht die Backsteine der wilhelminischen Zellenhäuser in warmes Rot. Selbst der Beton hat lichte Flecken. RT bringt uns erst einmal einen ordentlichen Gang bei. Diese armselige Truppe, die er da schneidig kommandiert, sieht so lächerlich aus mit den braunen Kappen und den gelb gestreiften Uniformlumpen, dass aller Ernst mir plötzlich kippt. Ich verliere die Fassung. Ich muss lachen über die Komik der Bewegungen, über diesen alberne Kommandos schnarrenden Riesen, über meine Kameraden, die wie ich zäh und ernsthaft gehorchen und die Beine und

Arme in synchrone Bewegungen zu zwingen suchen. Da spüre ich den gefürchteten Knüppel auf meinen Rücken niedersausen. Irgendeiner hilft mir auf, denn ich war zu Boden gestürzt. Ich sammle meine Kappe aus dem Staub und übe mich gleich den anderen im Exerzieren.

RT nimmt es sehr ernst mit unserer Umerziehung. Kaum einer von uns, der nicht in irgendeiner Weise von ihm schikaniert wird.

»Roter Terror« hört auf den bürgerlichen Namen Lehmann und ist nun im Ruhestand.

Der Beton ist noch der gleiche, auch die wilhelminischen Bauten haben die vierzig Jahre DDR unverändert überstanden. Wir betreten eines der Zellenhäuser. Die Granitstufen in den Treppenhäusern sind ausgetreten. Zur Mitte zeigen sie eine tiefe Krümmung, als hätten sie sich unter der Last der vielen Gefangenen gebogen. Alles ist vertraut. Der Geruch – diese penetrante Mischung aus Schweiß, Bohnerwachs und Desinfektionsmittel ätzt sich durch die Nase den Weg ins Seelenloch. Das Herz schlägt mir bis zum Hals.

Erziehungsbereich 8, Zelle 213

Vierzehn Betten auf etwa zwanzig Quadratmetern, eine Toilette für alle, ein Waschbecken mit kaltem Wasser. Der Blick aus dem Fenster: erst der Beton des Hofes, dann die Mauer mit Stacheldraht und Elektrozaun, dann der Streifen für die Hunde. Dahinter die Giebel der Wohnblocks.

Hier hänge ich oft im Gitter, meist mit Rainer, dem Germanistikstudenten, der ein paar Texte von Wolf Biermann, Jürgen Fuchs und Stefan Heym abgeschrieben und verteilt hatte und wegen Hetze vier Jahre sechs Monate bekommen hat. Wir denken an unsere inhaftierten Frauen, deklamieren Hölderlin und Goethe, alles, was wir uns während der U-Haftzeit in den Kopf gestopft hatten, rauchen dazu widerwärtigen Billigtabak aus der Pfeife und retten die Menschheit von der Zelle aus. Nur uns selber können wir nicht helfen. Im Bett unter Rainer liegt Rolf, ein armseliger Wanderer zwischen den Welten. Er ist aus Hamburg, ist dort DKP-Funktionär gewesen und Mitte der siebziger Jahre in die DDR übergewechselt. Recht schnell wurde ihm das erträumte Arbeiter- und Bauern-Paradies zur Hölle, und bei einem Fluchtversuch hatte man ihn geschnappt. Nun sitzt er hier und hofft auf seinen Verkauf an den ehemaligen »Klassenfeind«.

Daneben »Kalaschnikow«, ein durchgedrehter Grenzsoldat, der einen Offizier angeschossen und leicht verletzt hat. Fünfzehn Jahre. Über ihm ein anderer Grenzsoldat, der geäußert hatte, dass Flüchten besser als Schießen wäre, vier Jahre. Dann der Stubenälteste, ein Krimineller, der ständig zum Fernsehen herausgeschlossen wird, daneben ein braver Dieb, der wie ein reumütiges FDJ-Mitglied ständig seine Pflicht erfüllt und zu Ordnung und Sauberkeit aufruft. Daneben Dieter, verlegt aus dem Gefängnis Naumburg, der viel Wert auf seine politischen Urteilsgründe legt, von oben bis unten mit misslungenen Tätowierungen übersät ist und seinen Zellenkameraden Tabak und Bonbons stiehlt. Über mir ein Familienvater Mitte vierzig, der seine Personalien an »Hilferufe von drüben« gegeben hatte und nun zu vier Jahren verurteilt ist. Gegenüber der Busfahrer, ein gemütlicher Harzer, der einen Ausreiseantrag nach dem anderen gestellt hatte und wegen Beeinträchtigung der Behörden saß. Unter ihm ein unbedarfter Sachse, der bei der Armee eine Wandzeitung abgerissen hatte und nun für die »politischen Motive« saß, die sie ihm in mühsamer Kleinarbeit eingeredet hatten, bis er alles unterschrieb. Schließlich der kleine 19-Jährige Thüringer, der bei einem Fluchtversuch verhaftet worden war – mit einem Köfferchen voll Westseife, Zigaretten und Rasierwasser aus dem Intershop, Dingen, von denen er wusste, dass sie im Knast ausgehändigt werden mussten und sich bestens verkaufen ließen. Er hatte es darauf angelegt, verhaftet zu werden, da er nach Freikauf in den Westen darauf setzte, wieder in die DDR zu seiner Freundin einreisen zu dürfen. Nach gelungener Flucht wäre er schon bei Benutzung der Transitwege Gefahr gelaufen, eingesperrt zu werden. Er irrte eine halbe Stunde im Niemandsland herum, bis ihn endlich jemand abführte. Von den anderen weiß ich nicht einmal mehr das Gesicht.

So sehe ich sie vor mir in der Zelle, auf ihren Pritschen, rauchend, streitend, hoffend.

»Nichts ist, wie es ist ...« Ein zweites Waschbecken ist hinzugekommen. Die Zelle ist inzwischen ausgeräumt, Maler haben mit der Renovierung begonnen.

Die Zellentür steht offen. Einen Staatssekretär im Rücken, einen Haftanstaltsleiter in freundlichem Zivil, Tine dabei, das ist nicht die Wahrheit dieser vier Wände, die still vor sich hin schreien.

Morgens das Neongespenst, der Schlüssel donnert an die Blechtür. Das Waschen und Zähneputzen muss umschichtig geschehen, dann die Zählung, bei der die Betten »gebaut« und die Uniformen »vorschriftsmäßig« sein müssen. Ausrücken zum Frühstück in der Dunkelheit. Aus der U-Haft leckt das kalte vergitterte Licht die Sterne vom Himmel. Sterne! Wo ist der Große Wagen?

Essen im verschmutzten Saal, Schwarzbrot, Margarine, Vierfruchtmarmelade, Ausrücken zur Arbeit, die Stanzen rattern, die Messer fahren über das Metall der Fotoapparatgehäuse. Nach der Arbeit Freistunde auf dem sandigen Hof. Kreise im Staub, wer Geld hat, kann am Kiosk Zigaretten oder Obst im Glas kaufen. Kekse, Schokolade mit dem unverwechselbaren Seifengeschmack, billigen Tabak, fein geschnitten, an dem die Pfeifen verbrennen.

Rückschluss in die Zelle. Stunden in Lärm und Gestank, das übliche Kreisen der Gedanken, keine Post, keine Sammlung, immer und immer das gleiche Buch, Schreibversuche, Gedichte.

Wir gehen in den Arresttrakt. Die Schlüssel und Schlösser, die Gitter und Bleche, das alles wirft auf eine versunkene Epoche nur noch unwirkliche, ferne Schatten, da verwittert mit den Steinen auch die bedrohliche Willkür von damals.

Alles ist so normal, so banal, fern, die Vergangenheit hat sich aus dem Staub gemacht. Aber sie vergeht nicht.

Wieder im Arrest

Der Käfig wirkt albern, kaum der Blicke wert. Das war meine Welt? Ich sehe mich – jung, fremd, lächerlich:

Ich klettere am Gitter hoch und schiebe die Arme über die Querstange, kralle die Beine um, bleibe hängen, bis es schmerzt. In dieser Stellung kann ich durch das verblendete Fenster ein Stück des Novemberhimmels erhaschen.

Ich springe runter, messe noch mal und noch mal: drei mal zwei Meter zwischen den Gittern. Ich prüfe noch mal die Verriegelung des Bettes an der Wand. Nichts zu machen. Ich lege mich auf den Boden. Es ist zu kalt. Ich habe nur lange Unterwäsche an. Ich stehe auf und gehe im Kreis. 537 Schritte, 538, 539, 540 …

Ich setze mich auf den Hocker, der seitlich am Gitter verschraubt ist. Der Rücken tut weh. Sitzen heißt sitzen.

Ich stehe auf, klettere auf das Gitter, suche den Himmel. Ich setze mich auf den Kübel, er stinkt erbärmlich, ich muss nicht.

Seit Wochen kein Buch, kein Stift, kein Papier.

Ich höre Schritte, die vorbeigehen, Schlüssel, die singen, Gitter, die ins Schloss fallen. Ich höre mich reden. Ich wundere mich, dass ich mich noch mit mir unterhalte. Kreise, Dämmer. Ich freue mich auf die abendliche Lektüre. Sie besteht in der Aufschrift der Zahnpaste:

»Chlorodont, VEB Elbe Chemie Dresden«. Haltbarkeit bis voriges Jahr.

Aufschluss, Durchsuchung, nackt ausziehen, heraustreten, anziehen, Kübel in die Toilette leeren. Zehn Minuten Zeit.

Ich höre, dass sie die Nachbarzelle verlassen. Ich pumpe das Klo leer, der Nachbar tut's auch, Worte krepieren im Rohr zwischen Zelle und Zelle.

Aufschluss, Decken reinnehmen, hinlegen. Träumen von damals. Lichtkontrolle mit Neongespenst. Wieder einschlafen.

Tage, Tage, Wochen, Wochen.

»Nichts ist, wie es ist.«

Ich stehe nach elf Jahren wieder in dieser Arrestzelle. Der Käfig ist noch Käfig. Aber ich bin ein anderer Mensch, ich stehe auf der Seite der Schließer, ein parlamentarischer Staatssekretär sieht mir in die Augen, er versteht einen Augenblick lang, Stimmengewirr, Tine an der Hand. Mir bricht der Schweiß aus, ich gehe meine Kreise, setzte mich auf den Hocker, spucke ins Klosett, mache das Gitter auf und zu, gehe einen Kreis und noch einen, sehe Westjahre, die sich in die Hoffnungen und Träume von damals drängen.

Ganz unbehelligt von Kalenderseiten
sind Wochen hier am grauen Glas zerschellt.
Ich stocher müde in vergilbten Zeiten
und schluck mir Sternenglut vom Himmelszelt.

Blas Rauch wie Jahresringe von den Lippen,
wenn schon nichts blüht und keine Knospe springt,
süß wie der Frühling riecht der Sud von Kippen,
eh mir der Kübel in die Seele stinkt.

Bin noch nicht stumpf. Kann Sommerlieder grölen,
auf Stacheldraht paar heiße Noten reihn.
Ich brech nicht ab. Noch kann ich Tage zählen,
in denen Herbstlaub klebt. Noch kann ich schrein.

Noch seh ich dich. Noch starrt kein zweiter Winter,
der mir eiskalt die Farben aus der Landschaft lügt.
Die Tür ist zu. Und dein Gesicht dahinter
noch unbekümmert offen. Das genügt.

(Cottbus 1980, im Arrest)

*Raus hier, weg hier! Kennst du mich noch, Tine? Kennst du mich
etwa noch, Schließer, kennst du die anderen, die du aus- und ein-
schließt? Kanntest du dich, lange vor diesem: Gitter zu, Gitter auf,
Gitter zu, Tage, Jahre, lebenslänglich?*

Prügelkommando

Sonntag, nachmittags. Wenn »Arafat« Wochenenddienst hat,
geht's besonders gründlich zu. Man hört es schon am Schritt.
Nur die beiden Schläger vom Dienst gehen über die Flure. An jeder Zelle schließt es. Jetzt bin ich dran. Raustreten auf den Flur,
nackt ausziehen, Unterwäsche wechseln. »Meldung!« Schlagen
sie zu oder nicht, schlagen sie den Nachbarn zur Rechten oder
den zur Linken? Nur Gott ist Zeuge – und die Mauern.

Die Wände hier haben ein dickes Mörtelfell und schweigen
aus, dass es einfach viel Schlimmeres gibt. Hier sind Menschen
in den Wahnsinn gejagt worden.

Einer schreit ständig morgens, mittags, abends, dass es durch
Mark und Bein geht. Der muss direkt nebenan liegen. Immer nur
ein Wort: »Humanitas!« Das Wort klingt in den harten Mauern
geschraubt. Wahrscheinlich weiß keiner von den Schergen, was
das heißt. Langsam fällt der durchgedrehte Schreihals mir auf
die Nerven. Hat der selbst im Knast für seine Seelennot keine
deutliche Sprache? Was sind lateinische Schmerzen? Die Schreie
wirken kitschig, unangenehm und werden immer häufiger.

Er schlägt gegen die Gitter, dass es durch den ganzen Zellentrakt dröhnt. Dann Stiefelknallen auf dem Gang, die Schreie reißen ab. Ruhe. Und ich denke: Endlich! So weit bin ich schon gesunken!

Wir verlassen den Käfig, gehen zur Krankenstation. Die Ärztin ist eine blasse blonde Frau mit einem schönen Menschengesicht, um die vierzig. Sie war zu meiner Zeit noch nicht im Dienst. Sie zeigt uns die Einrichtung. Ein Zahnarztstuhl wie alle Zahnarztstühle, Untersuchungsgeräte. Sie wirkt still und traurig.

Am Schreibtisch im Nebenraum sitzt einer, der mir bekannt vorkommt. Sein Kittel hat auf beiden Schultern Löcher zum Durchfädeln der Schulterstücke. Er sieht aus, als sei er degradiert worden. Er trägt keine Dienstmütze mehr. Unter leicht angegrautem lockigem Haar ein unbeteiligtes, langweiliges Gesicht. Er bleibt sitzen, nimmt kaum Notiz von uns.

Der Haftanstaltsleiter stellt uns vor. Er nickt unbeteiligt, bleibt sitzen. Die Erinnerung rast alte Bilder durch:

Der Sani

Ich melde mich zum Arzt. Immer wieder. Ich will raus aus dem Käfig, nur einmal zum Arzt, einmal reden, egal mit wem, Hauptsache eine Menschenstimme.

Die Tage vergehen, ich melde und melde mich zum Arzt. Nichts. Ich verweigere die Nahrung, ich will zum Arzt. Ich esse das Schwarzbrot nicht, trinke nicht den Zichorienkaffee, löffele nicht die Wassersuppe. Der Kalfaktor nimmt es zur Kenntnis, ohne ein Wort, achselzuckend.

Ich rede nicht mehr, mache keine Meldung mehr.

Tage, Tage. Der Schlüssel, die Tür, der Wächter. Er hat den »Sani« mitgebracht. Ein grobschlächtiger Kerl mit harten, verrohten Gesichtszügen unter der Tellerminenmütze des Wachpersonals, im schmuddeligen Arztkittel mit Schulterstücken.

Er kommt in den Käfig, baut sich vor mir auf. »Meldung!« Ich schweige. »Meldung!!« Ich schweige.

»Sie werden die Sprache schon wiederfinden. Sie essen nicht, Sie trinken nicht? Wir werden Ihnen schon Appetit machen!« Er fasst mit der Linken mein Kinn, mit der Rechten ohrfeigt er drauflos. Meine Lippe platzt, Blut in Mund und Nase, ich merke, seltsam fern, dass ich zu Boden falle. Ich habe Angst, dass er mir die Zähne einschlägt, die Nase schmerzt und ist geschwollen. Der Wächter schaut unbeteiligt zu. Ich versuche »Aufhören!« zu sagen. Irgendwann hört er auf.

»Na, sprechen kann er wieder, essen lernt er wieder! Immer noch Verlangen nach dem Arzt?«

Er wartet die Antwort nicht ab, geht. Der Wächter schließt Käfig und Tür hinter ihm.

Jahre sind seither durch mein Gesicht gezogen, auch mein Gegenüber hat diese Jahre gesehen. Zwei Menschen stoßen aufeinander, fremd und fern aneinandergekettet durch vergangene Begegnungen. Der Haftanstaltsleiter ermuntert mich, dem »gewendeten« Sani mein Erlebnis zu erzählen. Er sitzt immer noch.

»Ich bin hier einmal von einem ›Sani‹ geschlagen worden.«

Er sieht an mir vorbei auf den Haftanstaltsleiter.

»Das ist hier nie vorgekommen«, sagt er.

Der Anstaltsleiter macht ihn darauf aufmerksam, dass damals noch andere Sanitäter hier waren. Er sitzt immer noch.

»Das ist hier nie vorgekommen«, wiederholt er, »auch bei anderen nicht.«

Der Haftanstaltsleiter weist ihn darauf hin, dass er mich mit dieser Aussage der Lüge bezichtigt.

»Ich habe nur einmal zugelangt, als einer die Ärztin anfiel, ich habe ja eine ›Judo‹-Ausbildung. Aber so was, das – ist hier nie vorgekommen.«

Er sieht an mir vorbei, spielt nervös mit den Fingern. Es verschlägt mir die Sprache, der Schweiß läuft mir am Körper herab, ich bin wie gelähmt, erstarrt wie ein Kaninchen vor der Schlange. Als wir den Raum verlassen, sitzt er immer noch. Langsam finde ich wieder Worte. Ich ärgere mich, dass ich nicht auf ihn losgegangen bin, so viel Macht im Rücken.

Wir verlassen den Bau, ich habe weiche Knie. Vor der Tür steht der Gefangenentransporter, Marke »Barkas«, Kastenaufbau. Darin die fensterlosen Dunkelkabinen aus Holz, Sarggröße zum Sitzen. Der Fahrer erzählt, dass eine korpulente Frau einmal nicht hereingepasst hätte. Alle Westler setzen sich einmal rein und passen.

Handschellen, keine Schnürsenkel, auf dem Hof die graue Minna. Ich habe Angst, beim Einsteigen die Schuhe zu verlieren. Die Tür geht zu. Dunkel. Vorn läuft das Radio: Ein Lied von den »Puhdys«: »Wenn ein Mensch lange Zeit lebt, sagt ihm die Welt, es ist Zeit, dass er geht.«

Musik, nach zehn Monaten! Meine Ohren fliegen mit den Tönen davon. In einem Nachbarkabuff räuspert sich jemand. »Ruhe!«, brüllt es von vorn. Der Motor läuft an, ich täusche einen Hustenanfall vor. »Ruhe!«, brüllt der Fahrer. Das Auto schuckelt, fährt an, hält quietschend, fährt an, biegt scharf ab, ich schlage mit dem Kopf an die Tür, stemme die Ellenbogen an die Seitenwände. Die Musik wechselt, Requiem mit Schlagermelodie. Der Wagen hält, ein Tor rollt quietschend auf, der Motor geht aus. Die Klappe geht auf, ich sehe nichts. Die Augen gewöhnen sich nur langsam an die Sonne.

Zuchthaus Hoheneck

Fast zehn Jahre nach der ersten Fahrt auf die Burg Hoheneck, damals in Handschellen und im geschlossenen Wagen ohne Fenster, sollte sie es wiedersehen: das Zuchthaus bei Stollberg. Beklommenen Herzens suchten Tine und ich den Weg in ein verlorenes Gestern.

Ein Versuch, die Vergangenheit wenigstens einzuholen, wenn sie schon nicht zu bewältigen ist.

Die Fahrt durch das Erzgebirge ist deprimierend. Über der Landschaft lastet der beizende Geruch der Braunkohle, alles sieht grau und trübe aus. Der Zustand der Straßen ist unbeschreiblich. Das muss man mit dem eigenen Rücken erleben.

Einige Kilometer hinter Chemnitz sehen wir schon von weitem die Burg über Stollberg liegen. Der Turm droht wie ein erhobener Zeigefinger.

Stollberg ist – wie alle Städte dieser Größenordnung – gezeichnet vom Verfall der alten Bausubstanz. Nach einigem Suchen finden wir unsere Unterkunft, die Superintendentur. Die Frau des Superintendenten empfängt uns sehr herzlich, wir spüren ihr die Last der letzten Monate ab, die dieses Haus zu einer Herberge des Umbruchs werden ließen. Das Esszimmer ist eine Art Zentrale. Jetzt treffen sich dort ehemalige Strafgefangene. Ullrich Schacht, Autor des Buches »Hohenecker Protokolle«, der in diesem Gefängnis geboren wurde, ist seit seiner Geburt zum ersten Mal an diesem Ort.

Geplant sind Gespräche mit dem seit 1974 zuständigen Haftanstaltsleiter sowie noch tätigem und ehemaligem Personal.

Der Weg auf die Burg ist beschwerlich. Der Backsteinkoloss mit vergitterten Fenstern, Abzäunungen und bellenden Hunden wirkt bedrohlich und erschütternd. Wie platt erscheint im Gegenüber solcher Steinquader und Dimensionen das Lied »Die Gedanken sind frei«, das wir so gern und gedankenlos singen!

Die Vorstellung, dass 1980, als Tine hier »saß«, zwischen tausend und zweitausend Frauen dort oben eingepfercht waren, ist unerträglich. Das hieß: dreistöckige Betten, 12 bis 20 Gefangene in einer Zelle! (450 strafgefangene Frauen sind dort unter normalen Umständen zur »Verwahrung« vorgesehen!)

Heute bewegt sich die Zahl der gefangenen Frauen um 190, was Rückschlüsse auf den damaligen Anteil politischer Gefangener zulässt. Aus einem der oberen vergitterten Fenster winken zwei Frauenarme. Die Frauen, mit denen ich mich der Burg nähere, haben alle da oben gesessen. Jede ganz anders. Eine Lehrerin, die zurück will in die DDR, Corinna, damals fast noch ein Kind, jetzt ist sie zwanzig. Tine, die sich mit jedem Schritt da hinauf verändert, sich um Meilen von mir entfernt. Ganz dicht am Zaun ist es, als sei sie transparent geworden. Durch sie hindurch sehe ich die eisernen Stäbe vor den Fenstern, sehe dahinter Frauen, die stumpfe, glanzlose Augen haben, sehe sogar solche, die um keinen Preis mehr da raus wollen.

Vier Frauen am äußeren Zaun, mit dem Rücken zu mir. Sie wittern Verlogenheit, als sie sehen, dass es jetzt Gardinen im Gefängnis gibt. Vor sich versteinerte Monate, suchen sie nach Spuren, Gesichtern, nach Erinnerungen in den Fenstern. Sie halten sich am Zaun fest und schauen hindurch. Die Hunde kläffen wie aufgescheucht in der Sperrzone unter den Mauern. Zwei Gefangene leeren die Mülltonne aus. Eine hager, kurzhaarig, in blaues Drillichzeug gesteckt, die andere in einer weißen Kittelschürze ohne Ärmel, eine schwarze Schleife im dunklen Haar. Sie winken zu uns.

Der einzige Baum, dessen Krone die Gefangenen vom Hof aus sehen können, er steht im äußeren Ring, zeigt eindrücklich, was zehn Jahre bedeuten. Das Eisentor steht unbeweglich. »Strafvollzugsanstalt Hoheneck« steht über der Sprechanlage. Was man sonst sieht, sind Gitter, Scherben auf den Mauern, Schleusen, blau uniformierte Frauen. Dann empfängt uns der überdimensionale Gruß an der Wand des Besucherwarteraumes: »Sie haben Gelegenheit, den sozialistischen Erziehungsprozess an Ihren Angehörigen günstig zu beeinflussen.« Wandzeitungen über die Produktion von Damenstrümpfen, ein vergilbter Musterstrumpf lässt die Fäden hängen.

Nach wie vor besteht die Arbeit der Gefangenen im Nähen von Bettwäsche oder Damenstrümpfen. Drei Schichten im

Wechsel. Schon von weitem hört man das Rattern der Nähmaschinen hinter den offenen Fenstern der Werkstätten von VEB »Planet« und »Esda«. Durch eine Schleuse gelangen wir zum Verwaltungsgebäude.

Der Anstaltsleiter

Der Anstaltsleiter wirkt freundlich, menschlich, gesprächsbereit, verständnisvoll. Ein großer Schreibtisch, über seinem Kopf ein riesiger, von einer Gefangenen handgeknüpfter Teppich: der Stern der Volkspolizei mit dem DDR-Emblem.

Er ist überzeugt von den »Segnungen der Wende«. Seit 1974 ist er hier. Nun will er »endlich menschlich reden, endlich menschliche Verhältnisse schaffen«. Das hat er sich schon immer gewünscht. Nach den angekündigten Reformen des Strafvollzuges, stellt er sich vor, wird er im Anzug hier sitzen, ein Justizbeamter ohne Uniform. Vor zehn Jahren tat er nichts gegen die Überbelegung, die er heute unverantwortlich findet. »Angeordnete Verhältnisse.« Er sieht dies als gravierenden Fehler im Nachhinein, aber »man« muss seine Pflicht erfüllen. »Gewissenhaft« ist ein verkommenes Wort. Er gebraucht es zu oft.

Führung

Schleuse um Schleuse. Die Schlüssel singen in den Schlössern wie damals. Das Desinfektionsmittel stinkt. Das Oberlicht taucht den grau gestrichenen Flur, die Fangnetze und Stahltreppen in ein schmutziges Licht. Der auffällige Glanz in einem Knast voller zwangsgeschulter Putzfrauen vermag nichts anderes zu spiegeln. Vieles hat sich geändert. Es gibt Tischdecken und Grünpflanzen. Poster und Bilder schmücken die Wände!

Wir stolpern über weiße Striche auf dem gebohnerten Betonboden. Sie markieren Bereiche, die von den Häftlingen nicht übertreten werden durften. Auf die Frage nach dem Sinn dieser Maßnahme weiß keiner eine Antwort. Die Eisentreppen hallen unter unseren Füßen. Aus den Arrestzellen sind gerade die Trenngitter entfernt worden, die die winzigen Zellen in zwei Hälften teilten. Sie wurden tagsüber zugeschlossen, sodass Toilette und Waschbecken von den Insassen des Käfigs nicht zu erreichen waren. Die Zellen werden neu gestrichen. Das Desinfektionsmittel führt einen zähen Kampf gegen den Geruch von frischer Farbe. Wir steigen die Eisentreppen hinauf, bis unters Dach. Tine geht diese Wege erstmals mit dem Bewusstsein, jederzeit umkehren zu können.

Ich sehe sie im Drillich, in einer Horde müder Frauen, die von der Schicht zurückgetrieben werden – Treppe rauf und runter, den Stecken der Treiberinnen im Rücken.

Auf den langen Fluren wieder weiße Striche:

»Raustreten zur Zählung!«, gellte es damals über den Flur. Alle Frauen mussten aus den Zellen, Schuhspitzen an den weißen Strich. Jeden Morgen. Manchmal wurde drei- und viermal gezählt, wenn die übermüdeten Frauen aus der Nachtschicht kamen. Die Zelle wird uns von einer frisch beförderten Frau Leutnant aufgeschlossen. Sie hat auch vor zehn Jahren schon die Türen auf- und zugeschlossen. Sie wirkt selbstbewusst, dreht den Schlüssel mit einem gewissen Charme.

Die Zelle ist für zwei Betten und zwei Schränke groß genug. Zwei kleine Fenster geben den Blick auf den Betonhof frei. Unvorstellbar, dass hier acht Betten gestanden haben sollen. Eine Tür führt zum »Nassteil« mit den beiden Toiletten, jeweils zugänglich für zwei benachbarte Zellen. Die Nachbarzelle war damals mit sechzehn Frauen belegt. Der lange Spülstein ist vier einzelnen Waschbecken gewichen. Inzwischen gibt es warmes Wasser.

Frau Leutnant bestreitet, dass es acht Betten in dieser Zelle gegeben habe. »Höchstens sechs.« Erst als Tine sagt, sie sei hier Nummer 7 gewesen, begreift sie, dass sie sich mit einer ehemaligen Gefangenen anlegt. Auf die Frage nach den Arrestkäfigen antwortet sie, dass hier »niemand unschuldig in den Arrest« gekommen wäre. Als sie gefragt wird, ob hier Häftlinge geschlagen worden seien, antwortet sie: »Nein, nicht dass ich wüsste, von mir jedenfalls nicht.«

Ihr Mund ist ein schmaler Strich. Sie möchte nicht mehr gefragt werden, die Antworten werden immer kürzer. Langsam ahne ich, dass ein Frauengefängnis schlimmer ist, viel schlimmer. Backsteine wissen mehr als Menschen. Tine ist blass.

Ich bin erschüttert über die Gefühle, dieses Zerbrochene in mir, das mir die Brust zusammenzieht, das ich nicht beschreiben kann. Irgendwann will jeder Mensch zurück zu seinen Quellen. Es ist, als färbe sich plötzlich auf der Mitte des Lebens das Wasser. Es wird trüb und dunkel, undurchsichtig und bitter.

Wir verlassen das Gefängnis, vorbei an Stacheldrähten, Glasscherben auf den Mauern und bedrohlichen Schildern. Relikte aus einer anderen Zeit: »Verbotene Zone«. Der Geruch und die Vorstellung von über tausend Frauen in diesem brutalen Haus lähmt noch die Sinne. Der Schnee deckt alles zu.

Frau Oberleutnant Suttinger

Ein letztes Wagnis: Der verhassten Bewacherin von damals zu begegnen, Oberleutnant Suttinger, der Frau, deren Seele abhanden gekommen ist. Einmal noch diesen Mund sehen, dieses wütende Zittern, die Haut, die fleckig wurde vor Wut.

Einmal diese Frau sehen, vor der die Angehörigen zitterten. Die Machtbesessene. Einmal ohne Furcht, einmal ohne den Blick der Gefangenen. Sie ist frühzeitig pensioniert. Ihre Adresse muss erfragt werden, sie steht nicht im Telefonbuch.

Wir machen uns zu viert auf den Weg, der Journalist Ullrich Schacht, seine Frau Carola, Tine und ich.

Nach langem Suchen in der Betonwüste der Typenbauten endlich das Klingelschild:

Oberster Stock Hufelandstraße 50. Ein Paar Männerschuhe stehen vor der Tür. Hier herrscht Sauberkeit und Ordnung. Auf das mehrfache Klingeln öffnet der ehemalige Polizist und Abschnittsbevollmächtigte Suttinger.

Ullrich fragt höflich, ob wir einige Auskünfte bekommen könnten, wird eingelassen. Ich hole inzwischen Frau Suttinger, die Reinigungsdienst hat, aus dem Keller. Ich gehe mit den beiden Frauen beklommen die Treppe herunter, sie warten im Flur.

Ich gehe weiter, treffe die pensionierte Erzieherin im Keller beim Reinigen des Linoleums.

Sie trägt eine hellblaue, etwas verschmutzte Kittelschürze ohne Ärmel, ein hinten zusammengebundenes Kopftuch. Als sie sich umdreht, sehe ich in ein unbewegliches Gesicht, etwas fahl, Brille, Kassengestell, herabgezogene Mundwinkel. Klein und unscheinbar, auf der Straße würde man sie glatt übersehen. Und doch sagt Tine nachher, dass sie, ohne sie beschreiben zu können, diese Frau unter tausend sofort erkannt hätte. Ich frage Frau Suttinger nach höflichem Gruß, mühsam die Fassung bewahrend, ob sie bereit sei, uns aus ihrer Zeit als »Erzieherin« zu erzählen. Nach einigem Zögern ist sie bereit. Das Gesicht entzerrt sich nicht.

Sie spült den Scheuerlappen aus, hängt ihn über einen Eimer und kommt mit hoch.

Im Treppenhaus treffen sich zwei ehemalige »Politische« und ihre Bewacherin.

Was kostet das für Beherrschung, seiner Peinigerin in die Augen zu schauen und sich nichts anmerken lassen zu dürfen! Sie soll ja noch reden. Die beiden ehemaligen »Strafgefangenen« leben aus allen Kraftreserven. Man sieht das Herz in der Halsschlagader donnern.

Frau Oberleutnant Suttinger geht vorbei an den beiden. Gesicht um Gesicht. Jedes eine neue Ewigkeit. Unbeschreiblich, was dahinter vorgehen muss.

Geübt dreht Frau Suttinger den Schlüssel im Schloss. Ullrich sitzt inzwischen artig mit einem Paar karierter Hausschuhe im Sessel. Wir stehen im Flur, Frau Suttinger noch in der Tür. Ich sehe ihr Profil unter dem Kopftuch. Welch ein bitteres, verhärmtes Gesicht! Endlich bindet sich Frau Suttinger das Kopftuch ab. Schwarz gefärbte Haare, Dauerwelle. Sie bietet uns Plätze im Wohnzimmer an.

Der Plastikfußboden ist sehr sauber, beißt sich mit der ockerfarbenen Sofagarnitur und den gleichfarbig bezogenen Esszimmerstühlen. Die Schrankwand glänzt mit Büchern: sechs Bände Lenin, mehrere Bände Ulbricht in braunem Kunstleder, daneben Honecker: »Erinnerungen«. Hinter Glas: Flaschen, Kinderbilder, Spielzeug für die Enkel. Neben den Familienbildern eine Puppe in blauer Uniform des Wachpersonals.

An der Wand hängt eine auf Holz gezogene Reproduktion: Dresden, »Das blaue Wunder«, umgeben von geätzten Wandtellern aus Kupfer: »25 Jahre Volkspolizei«, »30 Jahre Volkspolizei«, »40 Jahre Volkspolizei«, jeweils mit lächelndem uniformiertem Konterfei. Während ich mich umschaue, höre ich sie über die ehemaligen politischen Häftlinge sagen: »*Die haben für mich eben gegen bestehende Gesetze verstoßen, und für mich war wichtig, dass sie sich ordentlich verhalten haben, untereinander hilfsbereit, kameradschaftlich waren, dass sie das getan haben, was wir verlangt haben, und das war im Prinzip die Einhaltung der Hausordnung. Also, Unmögliches wurde nicht verlangt. Auch nicht erzieherisch. Man kann keinen Menschen, der dreißig oder vierzig oder älter ist, erziehen!*«

Ich suche Tines Blick vergeblich. Er ist auf die Tischdecke geheftet. Ich frage, wie sich die ehemalige »Erzieherin« eine Begegnung mit ehemaligen politischen Häftlingen vorstellt. Die Frau, vor der die Neuen sofort gewarnt wurden, die berüchtigt war für gnadenloses Auftreten, die Gefangene für nichts und wieder nichts in den Arrest sperren ließ, schockiert förmlich mit ihrer Antwort: »*Wissen Sie, ich hab ein ganz reines Gewissen, ich habe jeden anständig, ordentlich, menschlich behandelt, wie sich das gehört, ich hab absolut ein reines Gewissen. Ich habe nichts getan, wofür ich mich schämen müsste. Ich hab ein wirklich ganz reines Gewissen. Ich hab nie was gemacht. Ich habe, solange ich dort oben war, und ich war sehr lange Erzieher, ich habe nie gegen irgendeine Strafgefangene die Hand erhoben, das gab's bei mir nicht.*«

Herr Suttinger fällt ihr ins Wort: »Meine Frau, die bringt das nicht mal fertig, 'ne Fliege totzuschlagen, da sagt sie immer: ›Papa, mach du!‹ Ich meine, man muss, egal wo man steht, immer bei der Wahrheit bleiben. Lügen haben kurze Beine.«

Als wir das Haus verlassen, fehlen uns die Worte. Wir schweigen uns an. Wir brauchen einige Zeit, um uns wiederzufinden. Weil die eigene Sprache manchmal langsamer ist als die Wirklichkeit, borgt sich meine Frau ein Wort von Albert Schweitzer: »Das gute Gewissen ist eine Erfindung des Teufels.« Es ist Frühling, die Sonne bekämpft das Grau der Häuser und das Grauen in unseren Seelen. Im Eingang des Hauses Nr. 50 stehen zwei rote Plastikeimer, Frau Suttinger, klein und fern, bringt den Müll in die Mülltonne. Aus dem Fenster im II. Stock weht die schwarzrotgoldene Fahne ohne Emblem und Sachsens Grünweiß.

»Die Banalität des Bösen« hat Hannah Arendt das einmal versucht zu umschreiben, was uns in diesen Tagen hier so häufig, so still, so unauffällig, manchmal lächelnd oder sogar mitleidig begegnete. All das geht unter die Haut, die jetzt von innen wehtut. Als wir abfahren, blutet es wieder aus den alten Wunden, die längst verheilt sein sollten, derer niemand sich gern erinnert. Die Fahrt strengt an. Nicht nur der Rücken tut weh, auch der Wind im Rücken. Eine Welt, in die man nicht mehr gehört, verlässt man nicht so leicht.

Herleshausen:

Das erste Mal passierten wir diesen Grenzübergang vor zehn Jahren nur mit dem, was wir auf dem Leibe trugen. Wie geprügelte Hunde, ängstlich und aufgestört und voller Erwartungen an die wiedergeschenkte Freiheit. Es war einige Tage vor Weihnachten des Jahres 1980. Wir sahen damals vereiste Landschaft und an den Bushaltestellen frierende, eilige Menschen, die nach Hause wollten: die ersten Zivilisten, das erste Mal wieder Männer, Frauen und Kinder, die nicht auseinandergesperrt waren. Das erste Kind mit seinen kleinen Händchen, das wir sahen, lehrte uns damals, wie schnell man Proportionen vergisst, wenn man immer nur mit ausgewachsenen »Verbrechern« verkehrt. Ich habe das kleine Würmchen wohl so entgeistert angestarrt, vor Schreck über die eigene Vergesslichkeit, dass es sich nach wenigen Augenblicken ängstlich hinter seiner Mutter verbarg.

Ich erinnere mich noch genau des Gefühls, als wir die Stasi-Schergen, die uns mit ihren »Barkassen« eskortierten, und den vornehmen Menschenhändler Vogel, der mit seinem Mercedes vornweg fuhr, endgültig hinter uns ließen. Erst nach der Grenze waren wir sie los. Ein ganzer Bus voller Menschen, die das Joch der Vergangenheit abschütteln wollen, zurücklassen an der Grenze, die sie gerade passieren. Ein Bus, der aus vierzig Kehlen Erleichterung schreit. Bis hierher war denen noch alles möglich. Jetzt können sie uns nichts mehr tun. Wir bildeten es uns jedenfalls ein. Die Erlösung gewinnt Konturen, als auf den Autobahnschildern Namen leuchten, die bisher nur auf der Landkarte existierten: Köln, München, Hamburg.

Seine Vergangenheit lässt man nicht zurück wie einen stockigen Mantel, es hilft nicht einmal, das Futter nach außen zu kehren und die Flecken innen zu tragen. Auch die blinden Flecken der Erinnerung, die so gerne als geglückte Bewältigung missverstanden werden, bleiben erhalten. Eine Vergangenheit vergeht nicht, auch die schmutzigste bleibt.

Als wir den Übergang das zweite Mal in unserem Leben in Richtung Westen passieren, ist er nur noch symbolisch vorhanden. Das Schild kurz nachher, das ich als Erstes vor zehn Jahren wahrgenommen hatte, ein Wegweiser, war nun kein strahlendes Symbol mehr. Hinter der Grenze steht auch nicht der Kombi, der damals die Gefangenen gleich nach der Grenze mit Erinnerungen versorgte. Da sahen wir zum ersten Mal nach vierzehn Monaten wieder ein Brötchen, richtige Butter, eine Banane, eine Tafel Schokolade, Westzigaretten. Nun gibt es keinen Westen mehr, er leuchtet nur noch schwach und fremd. Wir werden damit leben können, dass es bald »BRD« und »DDR« als Kürzel und als Begriff nur noch in den Geschichtsbüchern gibt. Die Welt geht an anderen Dingen zugrunde als an der Frage, wie man am geschicktesten umblättert, die wir wieder einmal an dieser Stelle mit deutscher Gründlichkeit stellen. Nein, die Vergangenheit ist nicht tot. Sie ist nicht einmal vergangen. Wir schweigen uns aus. Wir schweigen sie tot. Ratlos sind wir und befangen.

Akteneinsicht oder: Die Enttarnung der Zukunft

SEPTEMBER 1979
Ein Anruf von Frank Rudolph: »Ihr müsst dringend zu mir nach Herzfelde kommen. Ich habe eine wichtige Sache für euch.« Am Telefon fragt man nicht. Wir überlegen, wie wir hinkommen. Das Dorf liegt eine Autostunde von Berlin entfernt. Frank ist dort Pfarrer. Ich kenne Frank aus seiner Zeit in Pankow. Seit Kurzem ist er in Herzfelde und macht dort von sich reden. Er veranstaltet in seinem ländlichen Pfarrhaus »Seminare«, bei denen sich nur ausgewählte Leute treffen. Menschen, die endlich unzufrieden sind. Im Pfarrhaus von Herzfelde darfst du sagen, was du willst. Du musst aus deinen Nöten keinen Hehl machen. Frank ist ein mutiger, aufrichtiger Mensch, ein Pfarrer,

wie du ihn dir wünschst. Einer, der zuhören kann. Einer, der hilft.

Als wir Frank treffen, ist er sehr in Eile. Einen Gottesdienst hat er hinter sich, einen weiteren im Nachbarort muss er noch halten. Er gibt uns einen Zettel, den er von gemeinsamen Freunden aus Westberlin erhalten haben will. Auf dem Zettel steht ein Fluchtangebot über Polen. »Treffpunkt Danzig, Neptunbrunnen. Matthias mit Baskenmütze.«

Wir sagen ihm sofort, dass so was für uns nicht in Frage kommt. Frank hat trotz knapper Zeit noch ein paar ermutigende, warme Worte für uns: »Wenn ich so eine Gelegenheit hätte! Ein so sicheres Ding! Ich würde sofort. Aber als Pfarrer …«

Unser Trabi verreckt. Das Bild werde ich nicht vergessen: Der Pfarrer mit langem Bart und schwarzem Anzug schiebt. Dein Seelsorger, in allen Lebenslagen. Einer, der sich für dich schmutzig macht.

Ein Wagen schleppt uns an. Frank verabschiedet sich, fährt zu seinem Gottesdienst.

Wir zerreißen den Zettel. Wir wollen bleiben.

JANUAR 1992

Ein Anruf von einer Unbekannten aus Berlin: Sie hat in ihrer Stasi-Akte unsere Namen gefunden. Und einen Decknamen: IM »Klaus«. Wir bestätigen, was wir nicht glauben wollen – die Aktenlage: Der Pfarrer Frank Rudolph war inoffizieller Mitarbeiter bei der Staatssicherheit. Er hat unsere Ängste und seine Seele verkauft. Der Pakt sicherte ihm die Ausreise in den Westen. Heute lebt er in Frankfurt am Main.

Wir begreifen das Unglaubliche nur langsam. Der Pfarrer, der mit der stets offenen Tür, der Tillich-Experte, der Bahro-Kenner, der Freund, dem wir blind vertrauten, für den wir die Hand ins Feuer gelegt hätten.

Entsetzliche Abgründe tun sich auf. Als er uns damals nach

Herzfelde bestellte, wusste er bereits, dass uns bis zu unserer Verhaftung nur noch wenige Tage bleiben würden.

Den Zettel mit dem Fluchtangebot hatte er vor der Übergabe an uns für die Stasi kopiert. Das hatte gereicht, um uns einzusperren: Fluchtverdacht, Verdunklungsgefahr.

Und die anderen mit: In Polen sollte ein Schiff mit Flüchtlingen auslaufen. Samt Kapitän und Kurieren versank es in den Löchern der Stasi. Alle wurden festgenommen.

Die Anruferin, Annette Buche, damals Theologiestudentin in Berlin, und ihren Verlobten aus dem Westen hat Frank Rudolph jahrelang bespitzelt. Ängste, Sorgen, Nöte und Pläne, mit denen sie sich dem Freund und Pfarrer anvertrauten, hat er an die Stasi verraten. Als sie resigniert die DDR verließ, weil ihrem Verlobten die Einreise verweigert wurde, brachte der Pfarrer sie zur Friedrichstraße. Und weinte bitterlich.

2.2.1992, BRIEF AN IM »KLAUS«
(Lieber?) IM »Klaus«,
das ist ja eine interessante Entdeckung: Dein neuer Vorname in meiner alten Akte.

Deinen alten Vornamen hatte ich schon fast vergessen. Das war, wie ich merke, kein sehr schmerzlicher Verlust. Es schmerzt da mehr Deine neue Geburt in meinem Kopf. Die Pfade der Erinnerung sind ausgetreten – da wächst kein Gras drüber.

Und traurig ist sicher auch, dass ich von Deiner Frau Sabine, mit der mich zwei Jahre des Theologiestudiums und manche Herzensdinge verbanden, so lange nichts gehört habe. So manches laute Geheimnis und mancher stille Aufschrei kommt da in meiner Erinnerung zutage. Du hast sie in unseren besten Jahren kennengelernt. Bei Dir, dem Pastor aus Pankow, lief die Scheidung, als sie, die Theologiestudentin aus Greifswald, Dir in den Weg lief. Hattest Du damals schon Deinen zweiten Vornamen? Sie redete Dich jedenfalls mit »Frank« an.

Wenn ich das meiste auch vergessen habe, eine Begegnung, unsere letzte – wird mir in besonderer Erinnerung bleiben, wie Du vielleicht schon ahnst.

Ich wollte mit meiner Frau Tine ein schönes Herbstwochenende in Berlin verbringen, da riefst Du an. Du teiltest uns mit, dass wir in einer wichtigen Angelegenheit zu Dir nach Herzfelde kommen sollten. In welcher, ließ sich am Telefon leider nicht sagen.

Deine Idylle, in der Du als Pfarrer lebtest, dieses Kaff bei Templin, war allemal einen Ausflug wert. Am Sonntag nach dem Frühstück machten wir uns bei schönem Wetter auf den Weg, mit guter Laune, einem geborgten Trabi und einem Freund als Chauffeur. Wir kamen an, als Du gerade Deinen Gottesdienst gehalten hattest. Artig im schwarzen Anzug, den Talar gerade abgestreift, empfingst Du uns. Wenig Zeit blieb Dir bis zum nächsten Gottesdienst, zu wenig jedenfalls zum Umziehen. Schade, wir wären gern eingekehrt in dem Pfarrhaus, von dem wir schon viel gehört hatten: Hier traf sich die »Opposition«, hier wurden Seminare gemacht, hier wurde diskutiert und die bedrückte Menschheit gerettet.

Du warst ja nicht ein einfacher Pastor, Du warst »Tillich-Forscher«. Die ganze große Ausgabe des Meisters sah ich in Deinen Pankower Regalen. Welch ein Wert für uns damals! »Thomas-Mann-Forscher« sollst Du auch noch gewesen sein, was immer das sei. Als Seelsorger – sozusagen hauptberuflich – warst Du ja noch ein Herzensforscher, und nun, wo wir Deinen Nebenberuf kennen, wissen wir, dass Du noch manch anderes erforscht und erkannt hast, was nicht in der Bibel steht.

Kartoffelfeuer im Pfarrgarten, Holundersaft und Jasmintee, das waren die Spezialitäten Deiner kleinen Greifswalder Freundin. Aber zurück zu unserem Besuch:

Du übergabst uns einen Zettel von unseren Westberliner Freunden, den sie Dir auf irgendeinem Wege hatten zukommen lassen. Wir fragten Dich nach dem Inhalt, über den Du offen redetest: Es handelte sich um ein Fluchtangebot nach Westen, mit Umweg nach Osten: über Polen.

Eine genaue Handlungsanweisung, Bemerkungen über die vorgesehene Kleidung, Standort.

Wir sagten Dir klar, dass für uns eine solche Sache nicht in Frage käme, und machten Dich darauf aufmerksam, dass unsere Westberliner Freunde dies auch sehr genau wüssten. Du warst sichtlich enttäuscht und redetest uns zu: Wenn Du solche sicheren Wege und Angebote hättest, wärst Du schon lange weg. Die Traurigkeit, dass Du selbst über solche Möglichkeiten leider nicht verfügtest, wusstest Du wortreich zu artikulieren. Ich sehe sie noch heute auf Deinem Gesicht geschrieben. Die Situation war seltsam, wir verabschiedeten uns befremdet. Ich muss noch an die Komik unserer Abfahrt denken: Unser Trabi sprang nicht an, Du halfst beim vergeblichen Versuch, ihn anzuschieben. Ein Pastor mit langem Bart im schwarzen Anzug und weißen Hemd hinter diesem verdreckten Fahrzeug, das war ein Bild für die Götter. Wenn Du nicht gewusst hättest, auf welchen Weg Du uns da brachtest. Während wir nach Berlin fuhren, hattest Du Deinen nächsten Gottesdienst. Ich sehe Dich bei der Liturgie, dem Sündenbekenntnis, ich höre Dich von der Vergebung reden und dem Frieden Gottes, der höher ist als alle Vernunft.

Mir wird übel bei dieser Vorstellung!

Gerade hattest Du zwei unbekümmerte Menschen auf den sicheren Weg in den Knast gebracht. Und nicht nur das: Es war, wie wir später erfuhren, eine Art Sammelflucht, auf die Du uns locken solltest: Ein Schiff samt Kapitän und einigen armen Nestflüchtern versank in den Löchern der Stasi.

Hoffentlich hast Du im Blick auf Judas wenigstens das Kopfgeld auf höchstens neunundzwanzig Silberlinge angesetzt, wenn der Meister ganze dreißig wert war?!

Ich weiß nicht, wie hoch damals die Sätze waren, die für

unsereinen bezahlt wurden, Anwalt Vogel hat jedenfalls nicht schlecht verdient.

Als wir dann einige Wochen später in den Verliesen saßen, haben wir oft an Dich gedacht. Du hattest Dich für uns ja in eine nicht unerhebliche Gefahr begeben: Schließlich warst Du augenblicklich Informant einer »Fluchthilfeorganisation« geworden, als Du uns mit diesem Zettel beschenktest.

Wir versuchten also nach Leibeskräften, Dich zu decken, belasteten lieber uns selbst mit etlichen Fluchtgedanken und -geschichten, beschworen, dass der Brief verschlossen war und Du keinesfalls seinen Inhalt kennen konntest.

Deine Überredungskünste verkehrten wir in ihr Gegenteil, nach dem Motto, dass Du ein notorischer »Hierbleiber«, »Pastor mit Leib und Seele« seist und selbstverständlich Deinem Ordinationsversprechen gemäß an dem Ort Deinen Dienst tun wolltest, wo der Herr Dich hingestellt habe.

Eigentlich hättest Du vor Gericht als Zeuge aussagen sollen, aber seltsamerweise blieb der Zeugenstand leer mit der Begründung, dass man Dich in Deiner Pfarrwohnung in Niederschönhausen nicht erreicht hätte. Ich weiß es noch wie heute, weil ich nicht glauben wollte, dass die Stasi von Deiner lange erfolgten Versetzung nichts wusste. Ja, Du, ein Menschenfischer und in bester Gesellschaft! Ob Deine Sabine das je erfahren hat, was Du für ein elendes Spiel gespielt hast?

Bei all den vertraulichen Gesprächen mit den gemeinsamen Freunden, bei jeder Beichte, bei jedem Traugespräch saß der IM Klaus daneben und ging sogar mit ihr zu Bett. Sabine war lieb und naiv.

Zu unserer Urteilsverkündung hatte sie den Weg jedenfalls gefunden. Man säuft ja die Gesichter förmlich in sich herein, wenn man lange keine gesehen hat! Nach zehn Monaten sahen wir erstmals wieder mehr als zwei Menschen auf einmal, Sabine war da, und das hat uns gefreut damals.

Du nicht, und das freut uns jetzt.

Ich schreibe Dir, dem IM »Klaus«, um mehr über Dein »alter ego«, den Pfarrer Rudolph, zu erfahren.

Bei all Deinen Forschungen über Paul Tillich und Deinen Erkenntnissen, die Du gestreift haben musst, wirst Du auf den Sündenbegriff gestoßen sein. Tillich definiert Sünde, wie Du weißt, als »Entfremdung«. Hast Du Dich nicht Deinem Beruf entfremdet, wie konntest Du das jahrelang aushalten?! Zur Vergebung gehört ein vorheriges Bekenntnis der Schuld.

Ich verstehe nicht, wie Du es fertigbringen konntest, nicht ein einziges Mal bei uns anzuklopfen, nachdem Du Dir Deine endgültige Ausreise in den Westen erkauft hattest. Über alles hätte sich reden lassen. Spätestens 1989 hättest Du Dich ja bei Deinen »Opfern« mal melden können. Denn vierzehn Monate Haft sind viel, vor allem unter den Umständen, die es glücklicherweise so nicht mehr gibt. Wenn Du gekommen wärst, hätten wir uns nicht auf diesen Weg in unsere Vergangenheit begeben müssen, diese Höllenfahrt nach Frankfurt. Allemal hätten wir andere Wege des Gespräches gesucht und gefunden. Ein Pfarrer, der Du warst, und ein Pfarrer, der ich wurde. »Ich bin«, so lässt es Goethe den alten Faust im zweiten Teil des Dramas sagen, »der ewigen Gerechtigkeit müde.«

Das hat mich oft getröstet, seit ich es las. Aber feige zu sein, das habe ich im Knast hoffentlich verlernt.

Erinnerst Du Dich an Deine Ordination zum Pfarrer? Weißt Du, was Du damals versprochen hast?

Wenn Du auch als Pfarrer in der DDR bisweilen arm wie eine Kirchenmaus gewesen sein magst, hattest Du *einen* kostbaren Reichtum, der sich vermehrte, wenn Du ihn mit vollen Händen austeiltest: Vertrauen !

Ahnst Du, *wen* Du verraten hast, wenn Du dieses Vertrauen missbrauchtest?

Ich habe lange überlegt, ob und wie ich Dir begegnen möchte oder werde. Mir ist klar geworden, dass wir in all dem Stasi-Rummel eines nicht tun dürfen: schweigen!

Das Mäntelchen der Liebe über solche Untiefen zu hängen, wie es die Kirche jetzt bisweilen tut, wäre ein erneuter Verrat und lieblos gegenüber den Opfern. Zu dem Vertrauensverlust, den unsere Kirche durch Dich und Deine Kollegen bereits erlitten hat, darf nun nicht die Tatsache hinzukommen, dass wir eine feige Kirche geworden sind. Darum werfe ich diese Fackel nun ins Stroh.

Ich weiß nicht, was Du seit Deinem Übertritt in den Westen für eine Identität hattest.

Deine Arbeitsstelle hat uns als Kirche mit Informationen versorgt. Sie sind durch Deine Hände gegangen, wir haben sie geglaubt.

Vielleicht hast Du Deinen zweiten Vornamen ja abgestreift. Wer bist Du, und wer wirst Du sein, wenn wir uns angesehen haben? Ein Gedicht von dem russischen Dichter Okudschawa mag diese Epistel schließen:

»Der erste Verrat
kann aus Schwäche geschehn,
der zweite Verrat will schon Orden sehn,
und beim dritten Verrat musst du morden gehn,
selber morden gehn,
und das ist geschehn.«
Nun stehen wir wieder auf.
Wenn wir uns sehen, werden wir andere sein, die leben.
Matthias

FRANKFURT AM MAIN, 3.2.1992
Wir treffen uns mit Annette in Frankfurt am Main und fahren gemeinsam zu Frank Rudolphs Arbeitsstelle beim Evangelischen Pressedienst (epd). Auf der anderen Seite der Straße sehen wir ihn kommen. Auch er muss uns erkannt haben. Er geht eilig ins

Haus. Als wir wenig später an seine Zimmertür klopfen, ist er nirgends aufzufinden. Einzige Spur: Ein Schild an der Wand verkündet, dass der Pfarrer Frank Rudolph an einem der nächsten Tage die Morgenandacht hält. Nach etwa einer Stunde kommt er die Kellertreppe herauf. Sichtlich zusammengefallen, blass. Er war in die Tiefgarage geflüchtet. Als er begreift, dass das kein Versteck fürs Leben ist, stellt er sich uns und den mitgebrachten Akten.

Gedächtnisprotokoll eines Gespräches
Leider hatte ich kein Tonband, das ich bei diesem Gespräch mitlaufen lassen konnte. Den, der uns vierzehn Monate in den Knast brachte, hätte ich wenigstens zwei Stunden im Originalton auf ein Tonband bringen müssen.

Die dunkle Innenseite der Wahrheit dieses Gespräches werde ich nie begreifen, noch erzählen können. Menschenworte sind zu ahnungslos.

Annette spricht ihn an: »Du bist IM Klaus!« Er nickt.

Ich stehe ihm gegenüber. »Nun müssen wir reden«, sage ich.

»Ja, es ist so weit!«, murmelt er.

»Wo können wir reden?«, fragt Annette.

»Einen kleinen Moment!«, sagt er.

Dann dreht er sich um und geht langsam die Treppe hinauf. Wir warten. Sprachlos. Betroffen. Die Zeit rast. Das Telefon in der Anmeldung klingelt.

»Sie sollen in das Zimmer des Chefredakteurs in der ersten Etage kommen«, sagt die Telefonistin.

Wir gehen beklommen die Treppe hinauf. Am Ende des Ganges steht Frank Rudolph.

»Hier bitte«, sagt er und öffnet eine Tür.

Wir kommen in einen hellen Raum. Ein Bücherregal mit theologischen Büchern, ein Schreibtisch, eine Sitzgruppe. Der Chefredakteur bittet uns, Platz zu nehmen. Wir bitten ihn, bei dem Gespräch zugegen zu sein. Wir wollen eine neutrale Person dabeihaben. Am Morgen hatte er durch einen Rundfunkkommentar erfahren, dass Frank Rudolph Mitarbeiter der Stasi war.

Tine: Herr Rudolph hat uns beide für vierzehn Monate in den Knast gebracht und mindestens noch vier andere Leute. Ich bin der Meinung, dass Herr Rudolph nur eine Chance hat. Offenheit.

Chefredakteur: Ich habe mit Herrn Rudolph heute Morgen ein Gespräch geführt, in dem er sich mir offenbart hat. Eine schlimme Sache, in der wir Klarheit bekommen müssen. Ich weiß nicht, ob das augenblicklich möglich ist. Seine Frau ist meine Sekretärin. Ich glaube nicht, dass sie das durchhält. Sie hat es eben erst erfahren. Sie ist nervlich am Ende.

Ich: Ich kenne Frau Rudolph aus meiner Studienzeit. Auch ihr kann nur helfen, dass sie alles erfährt. Sie muss es ja doch.

(An Rudolph): Ich möchte, dass diese Sache mit Offenheit beginnt. Das ist jetzt deine Chance. Wenn du versuchst, zu erklären, wie es dazu kommen konnte, wenn du detailliert deine Gründe und Zwänge darlegst, wird vielleicht verstanden werden, dass wir zuerst die Systeme, die Menschen so werden lassen, hassen. Wir wollen nicht Rache, sondern Aufarbeitung. Du bist ein Pfarrer. Du weißt, dass Wahrhaftigkeit und Reue die Voraussetzung für Vergebung sind. Vielleicht können andere von dir lernen, dass am Ende nur die Offenheit aus diesem Dreck herausführt, in dem sie sitzen. Was du heute durchmachst, erleben viele, fürchten viele. Vielleicht können wir exemplarische Wege finden.

Vierzig IMs sollen in unserer Kirche (West) noch nisten. Vielleicht finden die da heraus, vielleicht kann die evangelische Kirche, die im Augenblick das Mäntelchen falscher Barmherzigkeit über diese giftigen Abgründe hängt, hier doch noch ein Beispiel für viele geben. Ich finde, dass wir keine »Kirche von Weißwäschern« werden dürfen.

Vielleicht führt dein Schuldbekenntnis dazu, dass andere Mut bekommen, sich zu stellen?!

Chefredakteur: Herr Rudolph, wären Sie bereit, sich einem solchen Gespräch zu stellen?

(Rudolph sitzt zusammengesunken auf seinem Stuhl.)

Rudolph: Ich will es versuchen.

Chefredakteur: Sollen wir Ihre Frau dazubitten?

Rudolph: Ja, es ist besser. Ich bin aber nicht bereit, hier den Sündenbock zu spielen.

Tine: Du sollst auch nicht spielen, sondern endlich aus deinen Lügen herauskommen.

Annette: Warum hast du das getan?

Sabine Rudolph (kommt ins Zimmer, stürmt auf uns zu): Matthias! Annette!

(Sie weint, geht auf Rudolph los): Hast du das getan? Warum hast du mir nichts gesagt? (Rudolph schweigt.)

Ich: Frank, ich verstehe eins nicht. 1989 war der ganze Spuk zu Ende. Warum bist du nicht gekommen und hast dich bei uns einmal gemeldet? Man hätte über alles reden können. Damals nach der Wende war deine Chance, neu anzufangen. Auch mit uns.

Rudolph: Mein Leben war Angst und Scham. Mein ganzes Leben war nur Angst und Scham ...

Annette: Warum hast du auf meine Karte nicht reagiert?

Rudolph: Welche Karte?

Annette: Ich habe vor Weihnachten an alle Freunde eine Karte geschrieben. Darin stand, dass ich im Januar meine Stasi-Akten lesen werde. »Hoffentlich gibt es keine bösen Überraschungen«, schrieb ich.

Rudolph: Ich wollte schreiben. Ich habe dann schon einen Brief an euch angefangen. Aber dann hatte ich Angst. Mein Leben war Angst und Scham.

Annette: In der Akte wirst du als »langjähriger, zuverlässiger IM« geführt. Wann hast du damit angefangen?

Rudolph: 1963. Damals flog ich in Hermannswerder raus. Ich kam zur Armee. Und da hat es angefangen.

Annette: 28 Jahre! Wie konntest du das tun?

Rudolph: Ich hatte Angst. Ich wollte studieren. Und du weißt ja (schaut zu mir), Hermannswerder war zu Ende, keine Chance mehr. Ich wollte die Sonderreifeprüfung an der Uni machen.

Ich: Du wolltest Theologie studieren, Pfarrer werden …

Rudolph: Ja, ich wollte Pfarrer werden. Und mit dem Rausschmiss aus Hermannswerder war alles aus.

Annette: Und dann hattest du ein Gespräch mit der Stasi.

Rudolph: Ja.

Annette: Wie viele Gespräche haben sie mit dir geführt?

Rudolph: Nur wenige.

Annette: Und dann bekamst du den Namen IM »Klaus«.

Rudolph: Nicht gleich. Aber sehr bald. Ich weiß es nicht mehr genau. Es ist so lange her.

Annette: Haben sie dir Druck gemacht?

Rudolph: Nein. Der Druck war da. Man war eingesperrt in diesem Loch.

Annette: Hast du hier im Westen dann aufgehört?

Rudolph: Nein, bis '89 hatte ich Kontakt.

Sabine Rudolph: Warum hast du mir das nicht gesagt? *(weinend)* Wir hätten doch abhauen können, raus da!

(Rudolph schweigt.)

Tine: Du hast uns in den Knast gebracht.

Rudolph: Ich wollte euch nur helfen.

Tine: Wie kann man so verdreht denken! Du hast den Zettel mit dem zweifelhaften Fluchtangebot erst für die Stasi kopiert und nach genauer Absprache an uns weitergegeben. Du wusstest bei der Übergabe schon genau, was uns bevorsteht. Worin besteht da bitte die Hilfe? Dieser Zettel hat zur Folge gehabt, dass mindestens vier weitere Leute in die Falle der Stasi gegangen sind. Sie wurden an dem Treffpunkt geschnappt, der auf dem Zettel stand. Und haben länger gesessen als wir! Unsere Eltern und Familien haben unter dem Knast gelitten, Schaden genommen. Annette konnte sieben Jahre ihre Verwandten in der DDR nicht besuchen, wir hatten Einreiseverbot bis 1989.

Sabine Rudolph: Das hast du gemacht? (weint)

Rudolph: Ihr habt doch gesagt, ihr fahrt nicht nach Polen. Das habe ich denen gesagt.

Tine: Das steht aber nicht in den Akten.

Rudolph: Ich habe auch ein Verhör gehabt. Ich habe gesagt, dass ihr nicht wolltet, dass ihr gleich abgelehnt habt. Habt ihr die Aussage nicht gelesen?[*]

Tine: Diese Aussage hat man uns nicht gezeigt.

Sabine Rudolph: Wir haben doch Verhöre bei der Stasi gehabt, da war ich noch so froh, dass ich euch nicht belastet habe.

Ich: Ich bin froh, dass du das alles nicht gewusst hast, ich habe das gehofft.

Annette: Frank, du hast mich ausgehorcht, die ganze Zeit! Und was du meinem Mann Hubertus angetan hast, ist noch schlimmer. Er ist um Haaresbreite dem Knast entgangen. Denk an die Geschichte mit den Büchern! Wir haben dir verbotene Bücher anvertraut. Du warst als Pfarrer »sicher«. Du hast sie versteckt und dann in aller Ruhe für die Stasi-Akten fotografiert. Du hast die Übergabe zu Protokoll gegeben. Alles hast du mit Akribie berichtet. Und dann hast du zusammen mit der Stasi eine Geschichte über die Beschlagnahme der Bücher erfunden, um uns alle, auch Sabine, zu täuschen!

Sabine Rudolph: Hast du mich auch ausgehorcht?

Rudolph: Nein, niemals! Das kann ich vor dem lieben Gott bezeugen – (korrigiert sich) vor Gott.

Chefredakteur (ärgerlich): Vor dem Chefredakteur reicht!

Ich: Du warst ein Pfarrer. Wie geht das zusammen? Du hattest das Vertrauen der Menschen, deiner Gemeinde, deiner Freunde,

---

[*] Als wir diese Akte später einsehen konnten, mussten wir feststellen, dass auch das gelogen war. Frank Rudolph hat uns mit seinen Aussagen, die er zu Protokoll gab, keineswegs entlastet.

unser Vertrauen! Wie konntest du es aushalten, all das ständig zu verraten? (Rudolph schweigt.)

Annette: Du hast deine engsten Freunde immerzu verraten und verkauft. Warum?

Rudolph: Angst und Scham.

Ich: Was war dieser Führungsoffizier für dich? War er wie ein Freund? Wolltest du ihm gefallen?

Rudolph: Ja, vielleicht war das so, vielleicht war ich abhängig.

Ich: Fühlst du dich als Opfer oder als Täter?

Rudolph: Ich fühle mich als Täter und Opfer.

Annette: Da war dieses Bahro-Seminar in S... Du hast genau Liste geführt, wer dabei war. Du hast hinterher einen Bericht geschrieben, haarklein. Alle Leute sind in deinem Bericht aufgeführt.

Rudolph: Das Bahro-Seminar, damit habe ich nichts zu tun.

Annette: Aber der Bericht hier in den Akten, das ist dein Stil! (Zitiert eine Passage.)

Rudolph: Das ist so lange her, aber dann muss ich das wohl gemacht haben.

Sabine Rudolph: Warum hast du mir das nicht gesagt?

Annette: Als du in den Westen kamst, hast du noch weiter Verbindung gehalten.

Sabine Rudolph: Wie hast du das denn gemacht, wo hast du denn mit denen gesprochen?

Rudolph: In Prag, einmal im Jahr.

Annette: Und zwischendurch nicht? Wie habt ihr euch denn verabredet?

Rudolph: Von Jahr zu Jahr in Prag, wir haben dann gleich den nächsten Termin ausgemacht.

Über seine Tätigkeit im Westen will er nicht sprechen. »Ich muss an meinen Prozess denken!«, sagt er mehrfach. Das Gespräch beginnt zu kreisen.

Als wir das Haus verlassen, ist es dunkel. Es regnet. Diese Stunden waren ein erneuter Aufenthalt in einer alten Hölle.

Keinmal in drei Stunden hat Frank Rudolph gesagt, dass es ihm leidtut.

Keinmal bat er um Verzeihung.

Ich versuchte, ihm trotzdem zu vergeben. Das tut mir jetzt leid, weil es vergebliche Mühe war. Vergebung gelingt erst dann, wenn einer aufrichtig bereut und sich ganz zu dem bekennt, was er getan hat. Pfarrer Rudolph gesteht zwar, ein »Täter« zu sein, bekennt aber nur, was dem IM »Klaus« schwarz auf weiß nachzuweisen ist. Der große Rest bleibt im Dunkeln.

Auch die Gründe bleiben verschwommen. Die gleichen Formeln, die man von anderen enttarnten IMs immer wieder hört: »Scham und Angst«.

Der Presse sagt er später, dass er sich um die »Einzigartigkeit seiner Schuld betrogen« fühlt, wenn Verrat das »normale Verhalten« war. Das ist zu viel fürs Vergessen und zu wenig, um vergeben zu können.

Wir verlassen Frankfurt – ein großes Loch in der Seele. Zur Bürde der Vergangenheit kommt die maßlose Enttäuschung, dass manche Wunden nie vernarben werden.

Mein Menschenbild ist restlos erschüttert. Mein Pfarrerbild erst recht.

Es bleiben Erinnerungen an eine Vergangenheit, die nicht vergeht – und eine Zukunft, die man erst »enttarnen« muss: »Klaus« ist nicht der Einzige gewesen. Und nicht der Schlimmste.

Nicht meine Kirche

Kürzlich habe ich aus der Pandora-Büchse der sogenannten »Gauck«-Behörde wieder mehr als tausend eigene alte und neue Seiten gefischt. Da finden sich weder Ruhmesblätter noch Heldensagen. Es kostet schon Seelengeld und Schrammen, wenn einem so unwiderruflich die eigene Feigheit, Fehlleistungen und Lebenslügen ins Gesicht springen. Nein, ich bin kein Held, war kein Held und werde auch hoffentlich nie einer sein. Das alles ist eine Vergangenheit, die nicht vergeht. Nachdem ich nun in den Stasi-Akten wiedergefunden habe, was einmal meine Kirche *war*, will ich niemals wieder so schnell vergessen, was *nicht* meine Kirche sein kann.

Wenn der Kirchenhistoriker Gerhard Besier von führenden Persönlichkeiten aus der evangelischen Kirche öffentlich gescholten wird, weil er ganze Dokumente über die halben Wahrheiten der Stasi veröffentlicht, könnte das nun wirklich ein später Sieg der Stasi sein. Mit solchen und anderen Auftritten ist die evangelische Kirche nach wie vor dabei, den Rest ihrer Glaubwürdigkeit zu verspielen, um den Rest ihrer Gläubigen zu retten. Für diese Seifenoper halte ich meinen Kopf jedenfalls nicht mehr unter die kalte Dusche. Ich blamiere mich nicht mehr mit. Ich habe mich auch nicht freiwillig eingemischt. Drei Jahre lang habe ich lauthals geschwiegen und brennend abgewartet. Ich habe sogar mit der üblichen lumpenhaften Bescheidenheit versucht, mich zu retten: *»Das geht mich nach mehr als einem Jahrzehnt nichts mehr an.«* Es gibt wahrhaftig schönere Lektüre als ausgerechnet das Lesen in fremden Innereien. Bis ich plötzlich aufgescheucht wurde: Ein Pfarrer, Freund und Seelsorger hatte mich schamlos verraten. Beklommen suchten nach dieser Entdeckung drei kleine Opfer den »verlässlichen« IM-Pfarrer Frank Rudolph an seiner neuen Arbeitsstelle beim »Evangelischen Pressedienst« (epd) in Frankfurt am Main auf. Nicht um ihn zu verprügeln, sondern um ihm zu vergeben. Aber vergeblich! Was wir in diesem Gespräch erlebten, war ein erneuter Aufenthalt in der Hölle. Es übertraf alles, was mir im Knast an kleinen Ganoven und großen Gaunern über den Weg gelaufen war. Da saß er vor mir, der Judaspfarrer, der sich leidenschaftlich und schamlos durch die ihm anvertraute Christenheit geküsst hatte. 28 Jahre lang war der Hirte *Frank Rudolph* in Wahrheit der reißende Wolf *IM »Klaus«*.

Es ist kaum auszudenken: Wenn dieser Pastor ein Traugespräch führte, saß der »IM Klaus« gemütlich auf dem Sofa. Wenn jemand seelsorgerliche Hilfe bei seinem Pfarrer suchte, lotete »Klaus« verständnisvoll die Seelentiefen aus. Und nach tröstlichen Worten des Pfarrers bei einer Beerdigung fledderte der IM die Kartei-Leichen. Konfirmierte Pastor Rudolph ein Kind, unterrichtete »Klaus« die Schulbehörde. In sein idyllisches Pfarrhaus lud der Landpfarrer die Opposition zu »Seminaren«, in denen er flammende Reden gegen den verhassten Staat hielt, und »Klaus« notierte begeisterte Zuhörer mit Namen, Adresse, Gewohnheiten, Schwächen und Redebeitrag und heftete sie ordentlich in die Stasi-Akte.

Im Gespräch stammelte er, dass er uns »nur helfen« wollte. Pfarrer Rudolph gab zu, was wir über den IM »Klaus« schwarz auf weiß aus der Akte holten. Den größeren dunklen Teil aus 28 Jahren hütete er wie ein Beichtgeheimnis. Dem »Stern« sagte er später, dass er sich um die »Einzigartigkeit seiner Schuld betrogen« fühlt, wenn Verrat doch das »normale Verhalten« war.

Plötzlich ist es gar nicht so einfach mit der Vergebung! Dieser Theologe hatte ja im Unterschied zu seinem biblischen Vorbild keinerlei Schuldgefühle! Er war wie alle derartig enttarnten Stasi-Leute *vollkommen unschuldig*. Er war so schuldlos wie der brandenburgische Ministerpräsident Manfred Stolpe vor und nach der Präsentation seiner Entlastungs-Jünger, so rein wie die Greifswalder Konsistorialräte Siegfried Plath und Hans-Martin Härder, so ehrlich wie der Pressesprecher des ehemaligen DDR-Kirchenbundes, Pfarrer Rolf Dieter Günther, so gewissenhaft wie der Ostberliner Rechtsanwalt und Menschengroßhändler Wolfgang Vogel, so verlässlich wie der Weimarer Superintendent Reeder, der verzweifelte Menschen aus der Sakristei in die

Zelle befördern ließ. Er war so jungfräulich wie die rehäugige Dame »Micha«, die bis vor Kurzem die Schreibtische und Termine einiger Oberkirchenräte in der Ostberliner Auguststraße aufräumte und Petri Amt der Schlüssel mit dem Anfertigen von Wachskopien verwechselte. So geht es nun schon seit Monaten. Jede Woche wird eine neue »Ausnahme« bedauert.

Ja, meine liebe Obrigkeit, wie soll ich verlorener und verdammter Mensch denn nun einem Unschuldigen vergeben, der mir doch nur helfen wollte? Was soll ich tun, wenn öffentlich die Rede von der Stasi als »Partner« weitergepflegt wird?

Es ist nur konsequent, wenn einer von Stolpes kirchlichen Entlastungszeugen den Begriff »IM« in »VKI« umtaufen will, was heißen soll: »Vertreter kirchlicher Interessen«. Aber es wird immer komplizierter mit dem Vergeben.

Auf einmal bin *ich* schuldig. In Schmäh- und Drohbriefen fallen lauter besserwisserische Schwestern und Brüder über mich her: »Wie kannst du so einen armen Menschen in die Zeitung bringen?« Dass der arme Täter 28 Jahre lang Menschen verraten hat und sein Ordinationsversprechen dazu, war schnell vergeben. Auch dass er mich und meine Frau für vierzehn Monate in die Löcher der Stasi auf Urlaub vom Leben schickte, war nicht das Problem derer, die ihren Hintern im Trockenen hatten. Dass ich aber wagte, einen in die Zeitung zu bringen, der andere in den Knast gebracht hatte, war ein bis dahin nicht bekanntes Vergehen. Im Handumdrehen war ich der »Denunziant«, der »Unpfarrer«, der »Rachsüchtige«, der »Mietling«, der seine »Hirtenpflichten« verrät. Ein Seelsorger gab mir sogar den brüderlichen Rat, nicht von geschlossenen Zellentüren, sondern von offenen Gefängnissen zu reden, ich wäre ja schließlich freigekauft worden.

So geht es im sogenannten Leben: Weil ich einen Nestbeschmutzer beim Namen nannte, bin ich auf einmal ein Nestbeschmutzer. Man soll sich nicht wundern, dass man plötzlich nach seinen Feinden stinkt, wenn man ihnen zu nahe tritt. Jedenfalls meditierte der frühere Präsident im Kirchenamt der EKD, Hartmut Löwe, auf seltsame Weise über die Pilatusfrage: »*Muss man für das Überleben der Kirche in einem totalitären Staat eintreten und zu diesem Zweck mit den Mächtigen sprechen, notfalls sogar mit dem Staatssicherheitsdienst verhandeln, dann bleiben die Hände nicht sauber. Aber saubere Hände kann sich in dieser Situation einer nur bewahren um den Preis, gegen seine Pflichten zu handeln, gegen den in seiner Ordination übernommenen Auftrag.*« Wenn man diese Sätze gründlich liest, hat einer, der für das Überleben der Kirche *nicht* mit der Stasi verhandelt hat, gegen seinen Auftrag gehandelt. Neben all den Ungenannten haben dann Oppositionelle wie Pfarrer Brüsewitz oder Pfarrer Eppelmann ihr Ordinationsversprechen verraten. Der abgehalfterte Greifswalder Bischof IM »Orion« Horst Gienke aber war dem übernommenen Auftrag treu. Wie soll ich da so anmaßend sein und einem vergeben wollen, der sich die unschuldigen Hände für mich schmutzig gemacht hat? Ich hätte es wissen können. Der Ostberliner Generalsuperintendent Günther Krusche lehrte schon kurz nach der Wende, dass man »mit dem Teufel paktieren« müsse, um »für die Menschen etwas herauszuholen«. Auch wenn ich das im Evangelium nicht gelesen habe, wird ein Mann mit dieser Vogelperspektive wohl besser als ein kleiner Dorfpfarrer aus Ostwestfalen wissen, in wessen Dienst seine Kirche stehen muss. Oder nehmen wir den Altbischof Albrecht Schönherr beim Wort, der ein ganzes Buch über »Gratwanderung« schreiben konnte, ohne abzustürzen. An ihren »Begriffen« sollt ihr sie erkennen! In diesem Büchlein findet er es »gefährlich«, von der DDR als »Unrechtsstaat« zu reden. Das leuchtet auf den ersten Blick ein: Schließlich wurden – gemessen an 17 Millionen – nur wenige eingesperrt und verkauft, eine geringe Zahl aus politischen Gründen in die Psychiatrie eingewiesen, ein Bruchteil erschossen, und nur ein einziger Pfarrer hat sich aus Verzweiflung verbrannt. Dafür bekam man, wie der

Altbischof bemerkt, seine Medikamente umsonst und brauchte beim Arzt nichts zu bezahlen.

Ich habe nun in meiner Stasi-Akte geblättert, wieder und wieder, und entdeckte nichts Neues. Neben abgehörten Telefongesprächen, Horden von IMs und einem Berg von Seelenmüll begegneten mir vor allen Dingen mutige Menschen, die weder mit Luzifer noch mit Beelzebub kokettierten noch glaubten, dass Jesus der Ost-CDU angehört haben müsste.

Ich fand treue Freunde und Leute, die versuchten, mit ihren kurzen Armen die Menschheit in ihrem ummauerten Stück Welt zu retten. Ich fand Hochschullehrer, die tapfer und nach dem Jargon der Stasi »unbrauchbar« waren, und solche, die »brauchbar« und dafür feige Knechte des Systems waren. Ich las alles über meine Wäsche und meine Gewohnheiten, meine Passionen und Macken. Ich stieß auf minutiöse Berichte und tiefschürfende Psychogramme, und ich merkte, dass alles ganz schön mit der Wirklichkeit übereinstimmte – manchmal peinlich genau: Ein heißer Streit mit meiner Frau um das kühle Wetter, ein ordnungswidriger Spaziergang durch die Grünanlage und das Eindringen in die eigene Wohnung über den Zaun, weil ich meinen Schlüssel vergessen hatte. Ich las seitenlange Berichte über ein paar freundliche Worte in der Bahn und fand herrliche Fotos aus zwei Metern Entfernung, locker und offen, ohne je eine Kamera gesehen zu haben. Ich sah aber auch einen Brief aus dem Jahr 1978. Ich schrieb an einen Freund in den Westen, dass »*eine Kirche, die sich auf diese Weise mit dieser Macht einlässt, mein Vertrauen nicht hat*«. Seltsamerweise schließt sich da nicht nur die Akte, sondern auch ein Kreis.

Es hat sich nicht viel geändert. Wenn ich damals der Ansicht war, dass die Kirche die Sache Jesu Christi zu vertreten habe, so bin ich nicht nur in diesem Punkt noch genau meiner Meinung. Ich habe nach einem ellenlangen Briefwechsel nun keine Lust mehr, den hohen Herren mit dem Kopf in den Wolken Nachhilfeunterricht im rechten Lesen zu geben. Sie missverstehen eben, so gut sie können.

Aber sie werden mir nicht einreden, dass Jesus einen Kampforden der Stasi annehmen musste, um die Interessen seiner Jünger zu wahren. Nein, das ist nicht meine Kirche, nicht die Kirche Jesu Christi! Ich werde ihnen keinen Brief mehr schreiben. Mögen sie ihre Ehrerklärungen und Persilscheine ausstellen, wem sie wollen. Aber bitte nicht mir! Und jedes Mal, wenn wieder eine Ratte ans Licht gezogen wird, sollen sie von mir aus zum hundertsten Mal lautstark bedauern, dass es sich auch diesmal wieder um einen armen Nachtfalter handelt, der sich aus Versehen im Rampenlicht die Flügel verbrannte. Mögen sie weiterhin ihre Solidarität mit den Tätern bekunden und die Opfer öffentlich als »*nicht glaubhaft*« brandmarken. All das ist ja nicht meine Kirche, nicht die Kirche Jesu Christi.

Wenn sich der Theologieprofessor und ehemalige Rektor der Ostberliner Humboldt-Universität »IM Heiner« jetzt Heiner »Sarah« Fink nennen will und damit die verfolgten Juden öffentlich verhöhnt, stellt er ja seine Theologie bloß und nicht die meiner Mütter und Väter im Glauben. Ich werde immer geduldiger, seit ich weiß, dass ich mich nicht mehr mit blamiere. Sie sind ja noch nicht so weit und werden's schon noch begreifen.

Meine Kirche, das sind weiterhin die Menschen, die nach Aktenlage mutig waren. Christen, die danach fragten, was Jesus dazu sagen würde und nicht, ob die Kirchenleitung oder die Volkspolizei es erlaubt.

Zu meiner Kirche gehören der Märtyrer Oskar Brüsewitz und der Theologiestudent Andreas Elze, die von der Stasi geselbstmordet wurden. Meine Kirche sind die Pfarrer, die niemals versuchten, mit Konspiration dem lieben Gott auf die Sprünge zu helfen, und Bischöfe, die nicht auf Ehrentribünen ihr Heil suchten. Es wird sich schon noch zeigen, wo Irrtümer und Christentümer, nicht aber der Herr der Kirche auf dem Plan stand.

Zu meiner Kirche gehört der kleine Dreher von »Bergmann Borsig«, der seine Kinder niemals in den Wehrkundeunterricht und schon gar nicht zur Jugendweihe rennen ließ. Ihr gehört der Griechischlehrer an, der sich die Hände wund schrieb an den Generalstaatsanwalt, weil er sich nicht damit abfinden wollte, dass in seinem halben Land zwei Menschen von offener Straße verhaftet wurden wie ein Hund. Meine Kirche sind die, die lange vor dem Zusammenbruch der Mauer den Zündstoff des Evangeliums in die baufälligen Ruinen legten. Der unbeugsame Dorfkantor aus dem Erzgebirge nicht weniger als der einzige Ostberliner Bischof, der im Gerichtssaal neben den Opfern saß. Zu dieser Kirche gehören all die Verzweifelten, die in Bautzen und anderswo *vergeblich* hofften, bei den warmen Händedrücken und Judasküssen der Kirchenoberen im Ostberliner Kreml käme wenigstens eine Bibel für sie raus.

Zu dieser Kirche gehören mein Vikariatsvater und der Soester Superintendent und all die anderen ewigen Fremdlinge im eigenen Kirchengehäuse, die mir mein Heimweh nach Heimat stillten. Meine Kirche sind nicht zuletzt die Getreuen hier in meinem Dorf, die versuchen, die Welt wärmer zu machen und sich vom Geist Christi treiben lassen – mit Fehlern, Schwächen, Nöten und Unzulänglichkeiten. Meine Leute brauchen weder Persilscheine noch Konsistorialpräsidenten mit Mielke-Orden. Ihnen reicht eine Gemeinde, um die Hoffnung nicht aufzugeben, dass es am Ende doch noch zehn Gerechte auf diesem Fleckchen Erde geben könnte, die Gott das schmale Tor zur Welt offenhalten. *Das* ist meine Kirche. Das ist die Kirche Jesu Christi.

Und wenn irgendein Bischof mir wieder einen seltsamen Brief über Vergebung schreibt, wenn Denunzianten mich als Denunzianten beschimpfen oder Mietlinge mich als Mietling, dann lese ich das mit Gelassenheit und hefte es zu meiner Stasi-Akte neben den Briefwechsel mit den Judassen. Auf den breiten Rändern des Evangeliums wird man keine Glosse über diese Leute finden.

Sollte aber ein Bote aus Hannover oder dem Konsistorium in Berlin kommen, dann weiß ich, dass meine Bauern ihn mit ihrer liebenswürdigen westfälischen Sturheit bitten werden, ihnen das Licht nicht zu stehlen. Sie werden ihn durch Christus hindurch anschauen. Oder mit Knüppeln vom Hof jagen, wenn er ihnen sagt, es sei um Gottes willen nötig, mit dem Teufel zu paktieren. Das haben sie vor fünfzig Jahren in ähnlichen Fällen auch schon getan.

Fels in Betonbrandung

Vor genau dreizehn Jahren lernte ich ihn als gütigen Gefängnisseelsorger und väterlichen Amtsbruder kennen: den Pastor Eckart Giebeler. Neulich sah ich ihn unverhofft im Fernsehen wieder. Das löste eine nachhaltige Begegnung mit einem Bündel abgespaltener Erinnerungen aus! Dem pensionierten Geistlichen werden die vierzig schweren Jahre der Seelsorge an politischen Gefangenen sicher tiefere Spuren in die Seele gegraben haben als ausgerechnet das Andenken an einen kleinen Theologiestudenten aus dem Zuchthaus Cottbus. Meine paar Kilo Seelenspeck gehörten damals zum wohl bezahlten Abschaum, den der Menschengroßhändler und Rechtsanwalt Wolfgang Vogel dem damaligen »Klassenfeind« gegen hartes Kopfgeld vor die Füße warf. Ein falscher Pfarrer, Frank Rudolph alias IM »Klaus«, der ein wahrer Stasi-Spitzel war, hatte meiner Frau und mir mit einer hinterhältigen Offerte zu einem 14-monatigen Urlaub vom richtigen Leben in ausgewählten Stasi-Höllen verholfen.

Als ich Eckart Giebeler das erste und vorletzte Mal sah, versorgte er neben Cottbus die Zuchthäuser Brandenburg und Bautzen und das Frauengefängnis Hoheneck. Er tat das mit großem persönlichem Einsatz und einfühlsamen Tröstungen. Als sein Besuch anstand, dämmerte ich gerade im Arrest vor mich hin. In einem Eisenkäfig von zwei mal drei Metern führte ich ein Schattendasein hinter Milchglasscheiben. Im kühlen Halbdunkel drehte ich unsägliche Runden um einen stinkenden Kübel, immer auf den zerbissenen Lippen, was ich dem zermarterten Kopf entreißen konnte. Allein, mit keinem Buch, keiner Zeitung, keinem Bleistift und keinem Menschen durchraste ich täglich zu Fuß grausame Talsohlen enttäuschter Erwartungen. Das Bett war hochgeschlossen, das Brot ein Schwamm, das Wasser reichlich: morgens als kalte Zichorienbrühe, mittags als lauwarme Suppe von Fettaugen durchschwommen, abends als ungenießbarer Tee. Nicht genug, dass ich bald stundenlang an den Gittern hoch- und runterhangelte wie ein blöd gewordener Affe. Als Isoliergefangenem stand mir die »Vergünstigung Gottesdienst« ebenso wenig zu wie die Marmelade zum Schwarzbrot. Mit der Aussicht, einmal eine Stunde lang von der »Freiheit eines Christenmenschen« zu kosten, wäre ich dieser Hölle zwar noch lange nicht entronnen, dem Himmel aber ein gewaltiges Stück näher gerückt. Die Einsicht, dass Hoffnungen keine seien, wenn sie aus Gefangenenträumen gewebt sind, machte ja auch nicht sehr satt! Einzige Nahrung in diesem toten Hause: lebensgeladene Worte aus dem Munde des Seelsorgers! Deren Sprengkraft war nötig, um mit den rohen Finsterlingen fertig zu werden, die schon willkürlich losprügelten, wenn das Bett nicht auf Kante gebaut war. Es liegt nahe, dass sich fiebernde Erwartung zu einer Art unbedingtem Bedarf hochschaukelte. Wenn mich ein paar Tage vor der Ankunft Eckart Giebelers ein beflissener »Sani« nicht zufällig windelweich gedroschen hätte, wäre mir sein Händedruck versagt geblieben. Dieser »ärztliche Betreuer« mit blauer Mütze und weißem Kittel schlug so lange auf mich ein, bis ich nicht nur freiwillig wieder die Suppe auslöffelte, sondern auch exzellent Meldung machte. »Strafgefangener Nr. 27 wegen Meuterei seiner gerechten Strafe zugeführt!« Weil ich nach dieser Einlage über Schmerzen klagte, wurde ich vorübergehend in die Krankenstation verlegt. Ein mitleidiger Pfleger meldete mich gegen alle Vorschrift zum Gottesdienst. So verschafften mir die unverdienten Prügel evangelischen Zuspruch – den ersten nach mehr als einem Jahr.

Die zum Gebet begnadigten Häftlinge in den lächerlich gelb gestreiften Kartoffelkäferuniformen wurden in den verschiedenen Zellenhäusern gesammelt und dann über den Hof getrieben. Die bloße Aussicht, Gottes adventliche Botschaft hören zu dürfen, tauchte die vergitterten Fassaden und grauen Gesichter in ein belebendes Licht. *»Wenn der Herr die Gefangenen Zions erlösen wird, werden wir sein wie die Träumenden ...«* Die geknebelte Sehnsucht verband uns mit dem wandernden Gottesvolk, das durch die Wüste seinen prügelnden Aufpassern entkommen war. Neben den Maschinenpistolen wartete der Pfarrer im Talar: Das Gewand *barg* nicht, es *bürgte*. Sein Kommen war wie ein fleischgewordener Sieg über die steinernen Herzen, von denen im Alten Testament die Rede ist. Schon das Erscheinen eines Gottesmannes in dieser Umgebung wirkte wie ein Fels in der Betonbrandung. Den grimmigen Schergen und Schlägern, die sonst auf diesem Hof ihre Gummiknüppelorgien an uns abfeierten, war sein Auftauchen eine bedrückende Niederlage. Uns war seine Ankunft wie eine Kostprobe aus der anderen Welt, *in der Gerechtigkeit und Friede sich küssen sollten.* Selbst die Arrest-Wächter, die mich Abend für Abend nackt auf den Flur treten ließen und lachend demütigten, während ich von einer Unterwäsche in die nächste schlüpfte, verschwanden unter dem Kreuz, das notdürftig im Essensraum aufgestellt war: *»... denn sie wissen nicht, was sie tun.«* Neben dem Kreuz flackerten zwei große Altarkerzen in der toten Betonwüste, an denen sich die »Gemeinschaft der Heiligen« wärmte – voll lichter Erwartung und glühender Hoffnung. Zusammengewürfelt aus ein paar armseligen Kreaturen, die dem Geistlichen in den Essensraum nachgestolpert waren: entstellt, zerbrochen, zerlumpt und mit zerfetzter Seele! Die Mühseligen und Beladenen des Evangeliums auf dem Weg zu ihrem Heiland!

Ich vergesse das nie. Ein kleines Tonbandgerät, das Bachsche Orgelmusik quäkte, erfüllte sämtliche Seelenlöcher. Es war, als sängen die Engel! Seit zwölf Monaten hatte ich keinen einzigen Takt Musik mehr gehört!

Als ich in dieser vaterlosen Welt die Worte: »*Im Namen des Vaters*« hörte, ahnte ich mehr denn je, was Väter sein können! Neben dem Altartisch saß knüppelstarrend ein Posten, der nicht wusste, wohin mit Mütze, Mund und Händen. Der Pfarrer hätte stundenlang predigen können. Solange er sich Zeit für uns nahm, waren wir befreit und angstlos. Die tagsüber gemordete Zeit, die nachts auf unsere Schläfen einhämmerte, hörte auf zu sein: »*Denn tausend Jahre sind vor dir wie der Tag, der gestern vergangen ist.*« Für winzige, atemberaubende Ewigkeiten schien der Vorhang zu einer anderen Welt gelüftet. Im vergitterten Wartesaal der Zukunft siegte augenblicklich das Lächeln der Erlösten. Stärker als die stromgeladenen Stacheldrähte und die jaulenden Köter an den Mauern war die uralte Hoffnung auf *einen neuen Himmel und eine neue Erde,* die uns verband und vorübergehend unsere Wunden schloss. Nie vergesse ich diesen Tisch des Herrn *im Angesicht meiner Feinde.*

Nach dem Gottesdienst ließ der Pfarrer mich »*zuführen*«. Seit Wochen hatte ich weder Post empfangen noch war Besuch zugelassen. Allein ohne Wachmannschaft saßen wir in einem kleinen, immerhin tapezierten Raum. Dass es sich dabei um »russische Tapete« (wenig Papier, viel Wanzen) handelte, war uns beiden klar.

Zuerst informierte mich Pfarrer Giebeler über die Gründe meiner Arreststrafe. Während ich mir nicht erklären konnte, weshalb ausgerechnet ich als »Rädelsführer« einer Meuterei beschuldigt wurde, war er bestens im Bilde. Er fragte mich bedeutungsvoll, welcher Teufel mich geritten habe, als ich am

Reformationsfest zur Arbeitsbummelei aufgerufen hätte. Bei der Befragung des Kalenders habe man natürlich auf den »angehenden Theologen« als Anstifter schließen müssen, als man den 31. Oktober als in der DDR längst abgeschafften evangelischen Gedenktag entlarvte. Ich müsste die Verstimmung des Personals verstehen. Erstaunt gestand ich, dass die Beschuldigung schon deshalb jeder Wahrheit entbehrte, weil mir verlorenem und vergesslichen Sünder nicht nur das Datum, sondern auch dieser verronnene Feiertag ganz entgangen war. Ich bat den Pfarrer, mir nun wenigstens den Rückweg in meinen Verhau zu ersparen. Ich neigte nicht dazu, hier als eine Art Mini-Luther und Märtyrer wider Willen im Käfig zu verblöden. Daran könne er nichts ändern, sagte er in bedauerndem Tonfall. Das Urteil sei ergangen, jetzt gelte es, durchzuhalten. Giebeler belehrte mich noch, dass es auch ganz und gar nicht im Sinne von Schrift und Bekenntnis sei, solcherlei wagehalsige Zeichen im Knast zu setzen. Auch meine Frau hätte leider heroische Anwandlungen. Nach dem letzten Gottesdienst in der Strafvollzugsanstalt Hoheneck hätte er sie »zuführen« lassen. Sie wäre äußerst aufsässig und mache ihren Eltern großen Kummer. Als ich Näheres wissen wollte, legte er nachdrücklich und bedeutungsvoll den Finger auf den Mund und wies auf die Steckdose: Ach ja, ich hatte ganz vergessen, dass wir abgehört wurden. Deshalb war auch nichts über humanitäre Abtransporte in den Westen aus ihm herauszuholen. Irgendwie war ich enttäuscht, als wir uns verabschiedeten. Dennoch hat sich der Augenblick unserer Begegnung so in meine Seele eingebrannt, dass ich neben den »Gib-dich-zufrieden-und-sei-stille-«Gesten des Pastors auch Muster und Farbe seiner Krawatte auswendig gelernt habe. Und das Wort »Zuführen!« Dieses verräterische Wörtlein aus der Mottenkiste der Stasi kam mir zwar damals schon seltsam vor. In meiner langmütigen Einfalt habe ich aber dreizehn Jahre und eine Fernsehsendung gebraucht, um es richtig missverstehen zu können.

Der väterlich distanzierte Blick des besorgten Seelsorgers von damals erstarrte vor laufender Kamera augenblicklich zum Falschmünzerblick des vertrauten Feindes. Der Cottbuser Talar riß in diesem Moment von oben nach unten auf wie ein Tempelvorhang und gab neben den Schulterstücken des Majors den vaterländischen Verdienstorden in Silber und allerlei staatliche Auszeichnungen frei. Neben dem Altarwächter von damals stand plötzlich ein Mann, der bereitwillig Auskunft darüber gab, »*kein schlechtes Gewissen*« zu haben. Sein aus Stasi-Silberlingen und Volkspolizei-Spesen aufgebessertes Pfarrergehalt belastete seinen gesunden Schlaf ebenso wenig wie die Psychogramme, in denen er sich über die seelischen Nöte der Gefangenen bereitwillig und einfühlsam erging. Der Mann mit dem Decknamen »IM Roland« war ein Pfarrer, der aus seiner Mördergrube nie ein Herz gemacht hatte. Wenn die Welt nicht gerade an solchen Leuten zugrunde ginge, wollte ich lieber nicht glauben, was vor Augen ist. Aber meine gütige Ungläubigkeit wäre ebenso unevangelisch wie die ungute Gutgläubigkeit, die noch immer in weiten Kreisen der evangelischen Kirche nicht ganz vergeblich als Barmherzigkeit feilgeboten wird. Die Vorsichtigen reden von Nachsicht. Die endlich Ungeduldigen sollen zur Geduld verschaukelt werden. Eckart Giebeler ist nicht der Erste, der mir nach dem Judaspfarrer Rudolph nun ungestraft mitten in die Seele latscht. Und ein paar Tausend Gefangenen dazu! Nein! Auch so einer vergiftet mir nicht nachträglich die Hoffnung, dass es in all den Verzweiflungen noch etwas gegeben haben müsste, das höher war als alle Unvernunft. Nein! Auch er wird mir nicht mit der unglaublichen Wahrheit das Maul stopfen, dass zwischen all den toten Uniformen, Stiefeln, Betonköpfen und Gummiknüppeln die Lügen das Lebendigste bleiben werden! Auch dieser Pfarrer bleibt mit seinen kurzatmigen Ausreden wie alle seine Mitstreiter im Vorletzten hängen. Nachdem sich der Gefängnisseelsorger mehrfach die Hände öffentlich in Unschuld gewaschen hat, mag er nun in aller Ruhe mit Pilatus zu Tische sitzen und lautstark den erneuten Sieg der Lebenslügen über die Wahrheit feiern. Ich werde auch weiterhin meine Seelengroschen dafür entrichten müssen. Auch morgen werden Giebeler und seinesgleichen mit der Arroganz der Macht die Fernbedienung leiser zu stellen wissen, wenn ihnen das Geschrei der verschacherten Gefangenen von gestern zu nahe auf die abgebrühte Seele rückt. Ich lasse mir dennoch nicht weismachen, dass es ein göttliches Gesetz sein soll, dass vor den Vätern die Söhne zu sterben haben! Dieser Seelen-Polizist der Stasi war nicht der Erste, der trotz sicherer Gewissheit, dass die ewig Gestrigen am ehesten die Foren von morgen zu besetzen verstehen, seinen Platz räumen musste. Dagegen helfen auch wohlfeile pauschale Selbstamnestie-Versuche und vorschnelle kirchliche Persilscheine nichts. Es wird trotz allen Eifers ein paar Jährchen dauern, bis die Mietlinge in die Vergessenheit der Geschichtsbücher pensioniert werden. Noch verzeichnet die Liste der gefälschten Hirten ständigen Zuwachs: Pfarrer Frank Rudolph, Pfarrer Kohlmann, Pfarrer Gartenschläger, Pressepfarrer Jürgen Kapiske, Pressepfarrer Gerhard Thomas, Pressepfarrer Rolf Dieter Günther, Superintendent Reeder aus Weimar, Generalsuperintendent Günther Krusche, Rektor Heiner Fink, Bischof Horst Gienke und ganz oben: Gefängnisseelsorger und Polizeimajor Eckart Giebeler! Elf ausgewählte Menschheitsretter in göttlicher Verkleidung. Eine grauenvoll graue Sammlung aus der Zeit der Schattensynoden! Manche halten freilich etwas länger. Ich werde sie so lange unter dem Mäntelchen der Barmherzigkeit hervor ans Licht zerren, wie mein Kleinglaube eben nicht vermag, aus solchen Fledermäusen Schmetterlinge zu machen. Dennoch: Wenn ich diese stark gekürzte Liste der wortbrüchigen »Diener des Wortes« lese, gerate ich bisweilen in Zweifel: Ist Gott nicht Gott oder die Wahrheit eine Lüge?

Aber ehe ich die ganze Misere nun auch noch Gott in die Schuhe schiebe, bleibe ich lieber bei Ihnen, Herr Major Giebeler:

Haben Sie uns am Ende auch nur helfen wollen? Das wäre nicht sehr erfindungsreich. Fast alle kirchlichen Menschenfreunde aus dem MfS wollen ihre Spitzeldienste als selbstlosen Samariterdienst verstanden wissen. Haben auch Sie – wie alle anderen – niemals niemandem geschadet? So jedenfalls hört sich Ihre Beteuerung an: »*Mir ist nicht bekannt, dass ich irgendeinen Gefangenen verraten habe ...*« Einen sehr prominenten Festgenommenen sollten Sie aber in der Eile nicht vergessen: Jesus von Nazareth. In seinem Testament habe ich Ihre Sonderaufträge jedenfalls nicht finden können. Mit jahrelangen infamen Berichten, die nun schwarz auf weiß zu lesen sind, haben Sie nicht nur seinen Namen verraten, sondern noch ein paar wehrlose Menschenkinder in trostlose Tiefen gestoßen. Sie haben mit Maulwurfskrallen in den Seelen abhängiger Menschen Wühlarbeit geleistet und dafür Orden von den allmächtigen Totengräbern bekommen. Sie haben die ohnehin geschwächte Glaubwürdigkeit der evangelischen Kirche beschädigt. Aber: Die vielen namenlos gemachten Gefangenen, die Ihren eifrigen Einsatz für die Treiber abbekamen, werden auch das noch überleben. Und der Herr, in dessen Nachfolge sich die Opfer solcher kirchlich begnadeten und staatlich ausgezeichneten Spitzenspitzel nicht beirren ließen, ist unaufhaltsam unterwegs. Er wird an den Taktikern, Realpolitikern und konspirativen Herrschaften vorbei seinen schmalen Weg zu den Mühseligen und Beladenen weiterhin finden. Der kommende Herr lässt sich auf Dauer von Leuten wie Ihnen weder abführen noch »zuführen«.

Nach zwanzig Jahren

Herbstastern, Osterglocken und ein
Versuch über das Verzeihen

In seiner Auslegung des »Magnifikat« schreibt Martin Luther 1521 der verzagten Christenheit ein eindrückliches Wort auf den Rand des Evangeliums. Er nennt die Erfahrung die einzige Schule des Heiligen Geistes. »Außerhalb dieser Schule wird nichts gelehrt als Scheinworte und Geschwätz.« Jedes Wort muss »… erfahren, versucht und empfunden« werden.

Diese teuer bezahlte Erkenntnis gehört in mein theologisches Gepäck. Wenn mir in den letzten zwanzig Jahren die Welt bisweilen aus dem Trott geriet, wankte ja immer gleich alles. Das Leben, die Menschen, die ewigen Wahrheiten, leider auch die Wörter. Nicht jedes behielt Sinn, viele gerieten aus der Bahn. Manche wurden gewendet. Andere drehten sich von selbst.

Gleich nach der Entlassung aus dem Gefängnis im Dezember 1980 brachte ich schnell aufs Papier, was mir noch frisch im Kopf und auf der Seele lag. Die geliehene Olympia-Reiseschreibmaschine aus gelbem Plastik hämmerte Tag und Nacht blaue Buchstaben auf holzfreies Westpapier. Ich schrieb, was das Herz hielt, mühsam gesammelt in vierzehn Monaten ohne Bleistift und Papier. Auswendig Gelerntes, Erhofftes, Erbetteltes. Alles wollte ans Licht. Der Garten unter meinem Fenster leuchtete jeden Morgen winterweiß wie ein unbeschriebener Bogen.

Während wir in ein paar Augenblicken von Ost nach West gebracht wurden, schienen manche Wörter zu Fuß nachzukommen.

Der Bus war ja auf dem Knasthof losgefahren und hielt das erste Mal direkt im Paradies. Ich konnte meinen mitgebrachten Wörtern also nicht über den Weg trauen. Nach der Weltreise von Karl-Marx-Stadt nach Gießen war nichts mehr, wie es ist.

Als wir in Sommersachen die verschneite Grenze hinter uns hatten, küssten sich Frieden und Gerechtigkeit auf offener Straße. Ich konnte also auch meinen Augen nicht ohne Weiteres trauen. Das neue Leben war ein buntes Wunder. Jeden Morgen ein freundlicher blauer Himmel ohne Maschendraht. Der Frieden lag kilometerweit als Schneefahne in der Sonne. Nie war ein Advent dem »Reich, da Fried und Freude lacht« so nahe. Gott musste nach vierzehn Monaten Hölle neu geboren werden, natürlich mitsamt der Welt.

Die dunklen alltäglichen Bewacher in ihren Filzmänteln kamen bald nur noch nachts. Und immer seltener roch es unter der Dusche einen Augenblick lang nach Kernseife. Neue Eindrücke veränderten rasch die sorgsam bewahrten Vorräte der Seele. Die im Innern festgekrallten Bilder konnten behutsam in die Wirklichkeit entlassen werden. Nie hätte ich gedacht, dass aus all dem ein Buch wird – die »Karierten Wolken«.

Bis heute passiert es mir, dass alles heil und komplett zwischen den Zeilen aufersteht. Ich muss nur unseren Fahndungsfotos, die wir in der Gauck-Behörde fanden, in die trotzigen Augen schauen oder einen der Briefe von damals lesen. Schon nach wenigen vergilbten Zeilen ist mir die Welt von damals ins Herz gesprungen. Ich habe wieder die Birne im Gesicht, die mir nachts das Dunkel raubte. Bohnerwachs und Angstschweiß beißen sich in der Nase, im Mund schrumpft der Geschmack fürs Unendliche auf Steckrüben und Graupen. Kein Foto kann so genau zeichnen wie dieser Bildersturm in meiner Seele, den ein paar Zeilen von damals auslösen.

Und doch verschlägt mir manchmal ein einziges Wort die Sprache. Oder eine Geschichte verliert plötzlich ihr Gesicht.

Oder der Glaube reicht nicht bis ans Herz. Wo endet ein Vaterunser? Wann beginnt ein Sakrament?

Davon spricht der angehängte Text über das Verzeihen, der ein paar alte Geschichten in ein neues Licht setzt.

Gegen manchen Augenschein und allen Zweifel habe ich einiges zu verteidigen. Etwa das unerlaubte Abendmahl unter den Augen der Bewacher, umgeben von Kaffeeduft und »Peter Styvesant«-Rauchfahnen. Da weicht nichts. Die Worte halten. Mit zwei liturgischen Halbsätzen springe ich heute noch aus der Einzelhaft in die Gemeinschaft der Heiligen.

Aber zwischen Vater und Vaterunser klafft eine schmerzhafte Wunde, seit die Akte Mitte der 90er Jahre kühl und nüchtern aus meinem Vater einen Inoffiziellen Mitarbeiter der Stasi machte. In mir blieb die Welt stehen, und das Herz drehte sich wie ein Kreisel in der Brust. Ist Christus noch Christus?

Das stillt kein Wort, das heilt kein Zeitengel. Das braucht einen ganzen Himmel voll Tränen.

Ebenso haftet mir der Anblick dunkler Uniformen neben dem Altartisch im Gedächtnis. Dann leuchten die Kerzen mir heim in die erwartungsvollen Gesichter über dem braunen Drillichkragen und den grellgelben Streifen. Kein Hochaltar schafft mir diesen Tisch aus dem Zuchthausgottesdienst. Wie ein Kind staune ich über das Weiß des Tuches und den Schatten des schlichten Holzkreuzes auf der Stirnwand des Essensraumes. Wie genau ich mir die Gesichter gemerkt habe! Aber wo andere das Herz haben, trägt der Gefängnisseelsorger den Orden der Peiniger.

Dafür braucht es eine ganze Welt voller Wut.

Auf dem Gefängnishof in Cottbus gab es nicht eine Pfütze, die den Himmel spiegelte. Das Leben musste ich mir täglich einreden. Immer das ganze Leben. Morgens die Sonne, abends die Dämmerung, nachts das Dunkel. Der Zahnpaste redete ich rote

Pfefferminz-Streifen ein. Gleich nach dem Zählappell stahl ich mir ein goldbraun gebackenes Brötchen aus der Erinnerung. Vormittags malten meine Augen die Zelle aus. Während der Freistunde tauchte ich das Drillich in frisches Himmelblau und bezog die Filzschuhe mit leuchtendem Leder.

Manchmal gelang es mir, gleichzeitig Herbstastern und Osterglocken in einen schmutzigen Schneerest zu pflanzen.

Das half gegen ihr scharf bewachtes, unverzeihliches Grau.

Verzeihen

Von der Unmöglichkeit des Verzeihens oder dem stetigen Versuch, meine beste Geschichte zu retten

Einüben
Über meinem Pult hängt eine vergilbte postkartengroße Lithografie nach dem berühmten Abendmahlsbild, das Leonardo da Vinci (1452-1519) in den feuchten Putz eines Mailänder Klosters gemalt hat.

Fast zwei Jahrzehnte lang sehe ich täglich in das Gesicht des jungen Mannes in der Mitte des Bildes, der mit niedergeschlagenen Augen seinen Jüngern soeben die bestürzende Eröffnung gemacht hat: »Einer von euch wird mich verraten!« Ich kopiere das Bild Jahr für Jahr mit einer haltbaren Strophe aus einem Gedicht des russischen Dichters Bulat Okudschawa für meine Konfirmanden:

Der erste Verrat
Kann aus Schwäche geschehn,
Doch der zweite Verrat
Will schon Orden sehn,

Und beim dritten Verrat
Musst du morden gehn,
Selber morden gehen.
Und das ist geschehn.

So hilft mir das Gesicht in der Mitte gegen die Vergesslichkeit der Welt. Ich lese darin und übe mich an ihm im Verzeihen. Denn Verzeihen ist nichts anderes als der zähe Versuch, sich in einen anderen Menschen »hineinzuüben«. Verzeihen geschieht von Mensch zu Mensch. Es braucht ein Gegenüber, ein Gesicht, eine Begegnung, ein Herz. Nichts ist persönlicher. Darum gibt es kein kollektives Verzeihen und kein Verzeihen zweiter Hand. Jede Verallgemeinerung ist ausgeschlossen.

Deshalb kann ich nur von mir erzählen.

Wo andere das Herz haben
Zuchthaus Cottbus, November 1980
Diese Geschichte will sich nicht entfärben. Was ist ihr Kern? Immer wieder muss ich zurück, über die geölten Flure laufen, die Erinnerung schuftet, ohne zu wissen, was das Ziel ist. Bis die Arrestzelle sich um die Stunden legt. Die Zeit steht. Sind es zwanzig Tage? Zweiundzwanzig? Zweimal zwei Meter, der Kübel und ich, die Pritsche hochgeschlossen. Die Tage schlagen mir in die Seele. Ich weiß nicht mehr, was Nacht ist. Das Hundertwattgespenst hat mir Löcher in das Dunkel gebrannt. Schritte, Stimmen, Lichtwurf. Tag und Nacht, Nacht und Tag.

Erlösung ist schon ein bezogenes Bett, eine warme Mahlzeit, ein Menschenwort.

Ich melde und melde mich zum Arzt.

Nichts.

Stumpfe Tage, der Schlüssel schreit, die Bewacherstiefel tanzen, die Riegel reiben.

Ich esse nichts. Ich rede nicht. Endlich kommt der heiß ersehnte »Sani«. Dunkelblaue Mütze, weißer Kittel, darauf silberne Schulterstücke. Zwei Sterne.

Er kommt in den Käfig.

»Meldung!«

Sein Brüllen schüchtert mich ein.

»Meldung!!«

Ich schweige vor Schreck.

»Sie werden Ihre Sprache schon wiederfinden!«

Er fasst mit der Linken mein Kinn, mit der Rechten ohrfeigt er drauflos. Blut in Mund und Nase, ich habe Angst, dass er mir die Zähne einschlägt. Die Nase ist geschwollen.

»Immer noch Verlangen nach dem Arzt?«

Nach Jahren treffe ich ihn wieder. Ohne Mütze und Schulterstücke. Meine Seele erkennt ihn schneller als ich. Wie gelähmt bleibe ich vor ihm stehen. Ich finde meine Sprache nur langsam wieder. Er leugnet alles. Als ich gehe, habe ich weiche Knie und ein Loch, wo andere das Herz haben.

Womit sollte ich ihm verzeihen?

Herz splitternackt
Gauck-Behörde 1990, Akteneinsicht
Sein Name weckte die lichte Erinnerung an die Ruhe ländlicher Pfarrgärten, an vertrauliche Gespräche im Studierzimmer, Pfingstrosen im Juni, Jasmintee im Herbst. Endlich unzufrieden mit dem Zustand unserer Welt schütteten wir dem Pfarrer von Zeit zu Zeit Herz und Seele aus und gingen erfüllt und getröstet heim. Als wir uns das letzte Mal sahen, wusste er schon genau, was uns erwartete. Wenige Tage später wurden wir in Drillich und Filzpantoffeln zum Verhör geschleift. Die Akteneinsicht korrigiert unsanft unsere Wahrheit (oder was wir bisher dafür hielten). Der bewunderte Freund, der feinfühlige Seelsorger, der mutige Pfarrer hatte einen Decknamen: IM »Klaus«. Er war einer von ihnen, er bleibt einer von ihnen, auch heute noch. Jahrelang

hat er sich in unsere Gedanken gebohrt, uns ausgehorcht, bespitzelt und zu guter Letzt in den Knast befördert. Nicht nur uns.

Wir begegnen ihm Jahre später und versuchen, ihm zu verzeihen. Aber es ist unmöglich. Er fühlt sich chronisch unschuldig. Als wir gehen, ist unser Herz splitternackt.

Krawatte auswendig
Zuchthaus Cottbus, 1980
Ich sah ihn im Talar über den betonierten Gefängnishof kommen. Bis zum Ende der DDR bereiste dieser weißhaarige Mann mit den gütigen Augen reihum die Zuchthäuser der DDR, Cottbus, Bautzen, Brandenburg, Hoheneck. Flankiert von zwei Posten stand er wenig später am Altar. »Im Namen des Vaters ...«. Die Sonne schien mir bis ins Herz bei so vertrauten Worten. Nie war die Freiheit so ewig wie in diesem Moment im Essenssaal des Zuchthauses.

Nach der Predigt tönte aus dem kleinen Lautsprecher eines mitgebrachten Kassettenrekorders ein Orgelchoral von Bach und schob sich vor die eben gehörten Worte. Ich hatte in zehn Monaten Haft keinen einzigen Takt Musik gehört. Nun klang es, als sängen alle himmlischen Chöre auf einmal. Keine Orgel dieser Welt hat je so geklungen. Dieser kleine schlechte Lautsprecher mitten in der Ohnmacht konnte alle Töne besser. Nach dem Gottesdienst lud mich der Pfarrer zu einem Gespräch ein. Die Farben seiner Krawatte kann ich noch nach dreißig Jahren auswendig, ebenso den Hergang des Gespräches, so eindrücklich war die Begegnung. Sie stellte in mir einige Weichen um.

Eines wusste ich damals noch nicht. Er hat dieses und andere Gespräche aufgeschrieben und nebst genauer Einschätzung des Seelenzustandes der Gefangenen den Bewachern ausgehändigt. Ich erfuhr es durchs Fernsehen. Zu einem vereinbarten Treffen reiste ich vergeblich nach Berlin. Er kam nicht. Und es kam nicht zum Verzeihen.

Die Geschichte

Untersuchungshaft Berlin-Pankow 1979

Einer der ewigen Winterabende verkommt im Neonlicht, als die Tür aufgeht. Ich werde durch ein Labyrinth von Schleusen geschlossen. Das erste Mal seit Monaten tausche ich die graue Knastgarderobe gegen buntes Zivil. Ich erschrak, wie schnell Farben in der Erinnerung verblassen, als ich das Hemd anzog, das ich bei der Verhaftung getragen hatte. Auch das helle Leder der Schuhe setzte ein inneres Kino in Gang. Sogar die beschlagnahmten Schnürsenkel waren wieder eingefädelt. Wieso binde ich eine Schleife nach der anderen?

»Gesicht zur Wand!« Ich werde in einen anderen Raum geführt. Die Fenster haben Gardinen. In der Mitte steht ein Tisch mit zwei Stühlen, am Schreibtisch sitzt der Vernehmer.

Mein Vater kommt, gefolgt von zwei Bewachern, die sich seitlich platzieren. Monate sind vergangen, seit ich ihn das letzte Mal sah. Ich lese sein Gesicht. Er hat Tassen, einen Teller mit Kuchen und eine Thermoskanne Kaffee mitgebracht. Er gießt ein. Kaffeeduft erfüllt den Raum. Nie wieder trank ich solchen Kaffee! Wir reden. Wir schweigen. Wir freuen uns über das Wiedersehen. Ich frage nach dem Abendmahl. Ich hatte einen schriftlichen Antrag gestellt. »Nicht genehmigt!«, sagt er. Aber dann nimmt er eines der Kuchenstücke, spricht dazu die vertrauten Einsetzungsworte und gibt es mir. Danach die Kaffeetasse. Beim Vaterunser, das wir gemeinsam sprechen, wissen die Bewacher nicht, wo sie die Hände lassen sollen. Der Vernehmer ist unsicher und verbittet sich in Zukunft »Handlungen« dieser Art.

»Du bereitest vor mir einen Tisch im Angesicht meiner Feinde.« Nie war dieser Satz aus dem 23. Psalm wahrer als an diesem Abendmahlstisch mitten in der Hölle. In der Zelle konnte ich noch lange danach das Herz des Himmels hören.

Ich wünschte, die Geschichte wäre hier zu Ende. Aber inmitten fröhlicher Ahnungslosigkeit tun sich zwischen den Wörtern plötzlich Abgründe auf. Ich spüre noch wie heute, wie sich die bittere Wahrheit aus den Akten langsam in meine Seele frisst. Ich fand den Namen meines Vaters in der Akte. Auch er einer von ihnen? Wie in einem Säurebad lösen sich Wörter und Bilder meiner Kindheit auf.

Ist Gott noch Gott, Vater noch Vater? Sohn noch Sohn? Angst noch Angst? Wahrheit noch Wahrheit? Als hätten die Wörter kein Gewissen. Er starb, ehe wir darüber sprechen konnten.

Heimkehr, die nicht enden will

»Dann brach er auf und ging zu seinem Vater« (Lukas 15)

Verzeihen ist ein mühsamer Heimweg. Für mich beginnt es mit der Erinnerung ans Mansfelder Land und die Schaukel auf der Wiese unter dem großen Apfelbaum hinten im Pfarrgarten. Ich lernte dort die hüpfende Freude im Bauch, wenn Vater mir Anschwung gab. Es geht weiter mit kleinen Schritten an der väterlichen Hand auf den staubigen Wegen zwischen den wogenden Feldern am Dorfrand. Es sucht seine Wurzeln in den sommerlichen Streifzügen durch die üppigen Wälder im Eichsfeld. Es erwacht im kindlichen Staunen bei den Fahrten in die sonnige Stadt Mühlhausen am Sonntagmittag, Bachs Orgeln brausten dort. Es klingt nach in den Chorälen am Klavier, wenn die Abendsonne in den Fenstern lag und Lichtkringel auf die dunklen Buchrücken des Studierzimmers malte. Es fährt auf in den blanken Himmel wie der Wetterhahn auf dem Turmhelm der Dorfkirche.

Verzeihen braucht Bilder wie die rot blühende Kastanie und den Geschmack der Johannisbeeren im Juni, die Klee- und Löwenzahnwiesen und die Barfußtänze nach dem Spätsommerregen über das warme Kopfsteinpflaster. Mein Verzeihen braucht den wilden Wein an der Scheunenwand und Most und Kartoffelfeuer am Reformationstag. Ich muss Verzeihen einüben für den Braunkohlegeruch im Winter, das glühende Ofenrohr in der nächtlichen Stube und das Klirren der Eisblumen. Ich brauche es für das schnelle Ende der Predigt am Heiligabend in der kalten Kirche und die Nebelfahnen an den Mündern bei »O du fröhliche«. Selbst für die Aschewege im Schneematsch brauche ich Verzeihen. Nicht umsonst warf ich mit geschlossenen Augen all diese Hoffnungsbilder an die feuchten Zellenwände. Sonst wäre mir die Seele trostlos geworden.

Am Ende ist Verzeihen nicht weniger als der verzweifelte Versuch, die eigene Geschichte zu retten. Oft mangelt es an Mut zu dieser nicht enden wollenden Heimkehr. Die ausgebreiteten Arme der Verzeihung bleiben am Ende Gott selbst vorbehalten.